閱讀甜甜圈

十人共讀聊素會的籌劃與實作寶典

最年輕師鐸獎得主
全國閱讀典範教師
呂嘉紋／著

目錄

推薦序

閱讀要重質不重量

洪蘭（中央大學認知神經科學研究所創所所長）

這本書一針見血的指出了臺灣推動閱讀的困境，它不但指出錯誤，而且還建議了改進的方法，是一本值得教育者思考的好書。

差不多二十年前，政府用公權力來推動閱讀，短短一年的時光，小博士、小狀元紛紛出籠。有一次，某校長邀我去參加閱讀成果發表會，並頒獎給這些小博士。有一個二年級的小朋友讀了九百本書，書堆起來跟她的身高一樣，真是「著作等身」。在典禮開始前，我看她很緊張，在台上發抖，便想用閒聊方式來替她舒壓。我指著桌上那些琳瑯滿目的繪本，問她最喜歡哪一本？她搖搖頭答不出來。我拿起最上面一本說：來，講個故事給老師聽！告訴我這本書在講什麼？

那時正好哈佛大學的史諾教授(Catherine Snow)發表了研究報告，認為說故事給同學聽是最好的驗證閱讀效果的方法，因為說故事時，動用到詞彙、故事結構、邏輯順序及孩子對故事的解釋，所以我也想試一試。看到這孩子仍是搖頭，我就說，老師很想聽你說故事耶，這麼多本書，你隨便拿一本講給我聽好嗎？這時她突然大哭起來，告訴我她一本都沒讀過，是她媽媽叫她抄學習單，把書名、作者、出版社都抄上去，然後抄一句「佳句摘錄」，然後在紙頭旁邊的空白欄隨便畫一張圖交上去就好。因為老師並沒有拿著書去核對圖有無對應故事，所以她媽媽每個禮拜天都帶她去市場樓上的社區圖書館抄學習單，一天可抄二十多本，但是她自己一本都沒看過。

我聽得目瞪口呆，臺灣竟有這種父母，為著小博士的虛榮，不擇手段的要孩子做假，替孩子做了最壞的榜樣。我把老師和家長都找來，想不到家長不但不認錯，反而當場打孩子一個耳光，罵她多話。最後，校長以孩子臨時身體不舒服，先行離場為理由，獎盃沒有發給她，但也沒有說為什麼，因為必須保留孩子的顏面。

這是我對臺灣閱讀重量不重質的方式很不以為然的原因之一，我跟老師說，不要寫學習單，不要把閱讀變成功課，要鼓勵學生講故事給別人聽，孩子一定要懂，才講得出來，尤其在二十一世紀，能夠正確表達自己的意思很重要，空有滿腹經文，口不能言，也是枉然。

另外，作者所提到的買書弊端，那更是令我痛心疾首，因為我曾經和信誼的張杏如執行長、遠流的王榮文董事長坐在教育部購書委員會中。政府終於要撥款買書給小朋友看了，我們都很興奮，想不到政府有個最低標的政策，我們所開的書單都不行購買，因為好書比較貴，能夠買的是不到一百元一本的爛書，我看到「減肥十八招」這類一本五、六十元的書時，真是大吃一驚，這種書不值得看，傷眼還費神。可恨負責買書的南部某校長大言不慚地告訴我，這是行規，叫我不要興風作浪。這個情形在九二一地震餘款成立閱讀協會後，改善了很多，現在買共讀的好書已經形成風氣，學生應該有好書可讀了。

這本書令我想起二十年前的怪事，臺灣有在進步，只是速度太慢。孩子的學習和成長都不能等，請問在這二十年間，又有多少孩子，因為政府的蹉跎，沒有讀到好書就畢業，進入社會去工作了呢？沒有閱讀習慣的孩子，他一生是不一樣的。

閱讀是觀念溝通與激發創意的美好過程

秦夢群（政治大學教育學院創院院長）

作為一名國小老師，本書作者利用小組討論，將班級以十人為單位劃分，鼓勵學生在閱讀中討論與思索。其突破了以往台灣教育制式思維下，僅注重閱讀的「量」，卻輕忽閱讀後是否具有「質」的迷思。基本上，缺乏思考與檢視，形式的閱讀僅是囤積資訊於大腦，難以建構出具有脈絡性的知識。為預防陷入「知識斷裂」的困境，教師必須伺機架設思考鷹架，經由理解、詮釋、與批判的過程，引導學生在閱讀過程中獨立攀爬論證，以真正達到質量並重的目標。

本書內容隱隱透露出台灣教育自410教改、九年一貫教育，乃至十二年國教推行的困境。其中牽涉建構主義、後設認知、教師中心、認知取向、社會文化認知等相關專業理論。難能可貴的是，作者能以深入淺出的筆觸，帶領讀者走入繁花似錦的閱讀園地。閱讀應是觀念溝通與激發創意的美好過程，而非特定思想的複製與獨尊。此是推廣閱讀教育必需要謹記在心的。

閱讀本書，宛如品嚐鬆軟綿密的可口甜甜圈，令人回味無窮。茲推薦給所有關心教育的朋友，此趟閱讀旅程絕對會收穫滿滿。

咬一口閱讀甜甜圈
聊一聊好書與人生

田耐青（國立臺北教育大學教育系副教授）

我在大學任教，為了教學、研究與服務需要不斷地閱讀，常有書讀不完之嘆。去年夏天一位臉友點名我分享最近讀的一本書，我誠實的回以正在努力研讀的「108新課綱綜合活動領域課程綱要」，驚嚇到臉友。回想起來，純粹為閱讀而閱讀的時光似乎只在小學一到三年級。當時母親為外交部醫療團成員赴非洲工作三年，刑警父親工作時間不穩定，便帶著我們三個孩子投靠空巢期的姑姑。姑丈曾任報社社長，臺灣所有的日報、晚報隨著早晚餐輪流上場，大人小孩人手好幾份報，吃飯配報紙是常態。姑姑歷經多次逃難，覺得身外之物都會丟失，只有裝在腦袋裡的學問才是最保險的財富，很捨得花錢訂閱書報雜誌。我和兄姊共差五歲，性別、識字量及閱讀興趣均不相同，我們像三座孤島，做完功課後自己挑一本書生吞活剝讀起來。我和家人間有關閱讀的對話僅限於字詞的詢問，學會查字典後，就再也沒有閱讀的對話了，獨自在自己的秘密花園裡閱讀。升上高年級後功課漸重，課外讀物逐漸被束之高閣，後來任教職，閱讀專業書籍與報告遂成為職場上求生存之必要。

這樣孤島式、功能性的閱讀脈絡使我讀到作者與學生在讀書會中的活潑對話時，非常羨慕。由閱讀教育的角度，我特別欣賞作者以下幾項做法。

1. 捨棄對閱讀數量的追求，改以致力閱讀品質的提升

富蘭克林曾說在讀書上，數量並不列於首要，重要的是書的品質與所引起的思索的程度。作者勇於打破小學現場追求量的陋習，以創新的思維開展高品質的思想交流，反應出他的智慧。

2. 眾閱樂且循序漸進

合作學習的研究都指出在學習的路上有伴同行的好處。同一本書，不同的人閱讀，會有不同的看見、不同的想法，互相交流能夠拓展彼此的思維。閱讀甜甜圈鼓勵兒童表達自己的想法、傾聽他人意見、互相討論，這些都是高層次的學習，以後對人事物都能更加有感並換位思考。作者的引導操作也很細膩，先讓學生兩人一組練習與人討論，上手後再逐漸擴增為四人以致到最後的十人讀書會。這些做法都非常符合教學的原理。

3. 教導方法與策略

十二年國民基本教育強調要指導學生學習的方法與策略，作者研發出各式如哆啦A夢的法寶指導學生如何進行閱讀、討論及發表，例如：「聊素四頻道」和「閱讀觀景窗」讓兒童有能力分析素材，找到不同層面的討論話題；「禮貌三明治」是發表的三個步驟（開場白、主要分享的內容及結尾），而「膽量麥克風」指導如何暖場讀書會。

4. 從聊書到聊人生

作者在國小推讀書會的起點，是以閱讀「支持學校活動」及「領域學習」這兩大學校教育的主軸，但他的讀書會不只可以聊書，還可以聊生活中各種大大小小的素材。葉丙成教授曾說過他留美時「窮得只剩下傅立葉」的故事，只專注於專業領域的學習，在課堂外無法和美國同學交流。他給同學的第一個建議就是：「努力讓自己成為更豐富的人，千萬別成為一個只懂專業，其他都不懂的貧乏之人。」我相信葉教授也會欣賞作者的「聊素」信念。

最後，我提出未來可以努力的一個方向：讀寫結合，帶領小讀者晉升小作家，更上一層樓。

巧手點撥閱讀心

宋怡慧（作家／丹鳳高中圖書館主任）

培養出我今日成就的，是我家鄉的一個小小圖書館。——比爾・蓋茲

我們身邊從未缺乏好書，只是我們少了遇見它的靈犀之眼。一如美國詩人布萊克說的：「在一粒沙中，我看到了一個世界；在一朵花中，我看到了一個天堂。」

呂嘉紋老師展現一位推動閱讀師者為孩子無私提燈的熱情，更讓我感動的是，《閱讀甜甜圈》不只是你我推動閱讀的良友，也是讓大家發現閱讀美善的隱形翅膀。原來，所有創新都是勇於嘗試；所有構想都是善於累積。

徐志摩說的：「我的眼是康橋教我睜的；我的求知慾是康橋給我撥動的；我的自我意識，是康橋給我胚胎的。」呂嘉紋老師《閱讀甜甜圈》如何讓孩子走進閱讀的世界？他提供怎樣的閱讀階梯，帶領學生閱讀領航？呂嘉紋老師的共讀聊素會採用多元化的閱讀素材，讓孩子從讀書、讀人、讀世界三個層次，打開閱讀的五感，走向終生學習的桃花源，就像雨果說的：「書籍是造就靈魂的工具，讓孩子打開一本書，就是通往智慧殿堂的起始。」

呂嘉紋老師的閱讀快餐車平台有許多與美食結合的閱讀活動名稱，例如：「閱讀必勝課」談的是讀報教育；「故事鮮果汁」談的是說故事的實況；「閱讀魷魚絲」談的是提升閱讀技巧的課程……諸如此類有設計包裝的閱讀課程名稱，不只創意無限，也蘊含老師設計課程的繆思與巧藝。

我特別驚艷呂嘉紋老師在「共讀隊形」上的實驗精神。為了避免全班集體式共讀的缺點，他提到：共讀需要隊形的安排，參加共讀聊素會的夥伴，彼此在座位與座位之間的距離不可以相隔太遠，孩子們必須很輕易而且很清楚看到其他夥伴的臉。呂嘉紋老師刻意讓孩子從四人為一組，提供他們如何和他人聊天的技巧，也提供擴增為五人、十人為一組的方式，他認為：最常排列的共讀聊素會隊形是同心圓圈。呂老師讓學生做中學，擁有表達的素養，從聊天具備重要的三個要素——嘴巴要講，耳朵要聽，頭腦要想開始，讓閱讀甜甜圈的每位成員認同彼此地位都是平等的，每個人所說的每個想法都具有同等的價值。

接著，呂嘉紋老師發現：在不同情境閱讀，心境也會跟著不同。因此，共讀聊素會從教室遷徙到專科教室、圖書館或是會議室等地方，換個地點都能與閱讀激盪出不同的火花。最後，呂嘉紋老師若遇到學生在對話場域出現的負面言行時，老師會立即制止並且當場給予適當的指導或糾正。我相信：老師從日常生活啟動愛與榜樣的身教、言教，就能產生孟母「斷杼教子」的教養功效。無論是家人或師長，從愛為出發，以身作則的閱讀榜樣，是陪伴孩子走進閱讀的世界，甚至陪伴他們行旅一段無憂無慮的童年歲月的關鍵。

呂嘉紋老師還給力地提出：只要我們有心，就可以找到不必另外花錢的共讀書籍來源，同時也提供我們如何把錢花在刀口上，為孩子嚴格把關，選出適合他們的共讀書目。輔以嚴謹的借用與管理，有系統地提供我們容易上手、輕鬆推動閱讀的祕訣。至於「禮貌三明治」、「聊素四頻道」等精彩實用的篇章就無法劇透太多，因為心動，不如馬上行動，請大家買書支持呂嘉紋《閱讀甜甜圈》喔！

宋怡慧

師大國文系畢業、政大國文教學碩士班畢業。目前擔任新北市立丹鳳高中圖書館主任、聯合線上專欄作家、《親子天下》翻轉教育網站駐站作家、新北市立圖書館真人圖書、二〇一七年教育部圖書館事業諮詢委員、文化部第39次線上主題書展策展人、皇冠文化集團青少年說書人、教育廣播電台行動家陽光閱聽室分享人。

推動閱讀的經歷豐厚且完整，且擅長融入在教學裡，曾受邀台灣各大報章雜誌及電視節目進行閱讀教育議題之專訪，被媒體譽為「閱讀傳道士」。

Facebook 粉絲專頁：怡慧老師~我們「愛讀書」

這樣閱讀有意思

林玫伶（臺北市國語實小校長、兒童文學作家）

我所認識的嘉紋老師，認真勤快、熱情旺盛，常在重要的研習會場上看到他的身影，如果聽聞哪兒有創意的閱讀活動，也不惜路程遙遠親自到訪；當學而有行，行而有思，嘉紋老師更仔細記錄所見所聞所感，無私的分享給有心推動閱讀的夥伴。我要說，嘉紋老師本人就是一位不折不扣的終身學習典範。

很高興看到嘉紋新書問世。這本書囊括了多年來的閱讀推動實務規劃、實踐與心得，裡面有很多地方值得我們學習：

第一，用愉悅的心推動閱讀：從書名《閱讀甜甜圈》就可以初步感受到嘉紋老師的陽光活力；再看到書裡面訴說如何為各種方案、活動訂定有趣的名稱時，更能體會嘉紋老師的「玩心」很重，這在推動兒童閱讀時極為重要。促進國際閱讀素養研究（PIRLS）

對閱讀素養的定義，十分看重「經由閱讀獲得樂趣」，閱讀不用茹苦含辛，閱讀本身就是樂趣、是享受。

第二，為理想與現實搭起橋樑：嘉紋老師是第一線的閱讀引導者，也是服務教學的行政主管，我們常可從書中察覺他在理想與現實之間調整支點的用心。比如讀書會共讀以幾人為宜、經費有限的情況下怎樣購書才能創造最大效益等等，嘉紋老師展現了他大處著眼、小處著手的本事，他兼顧此端與彼端的用心，也形成極為難得的經驗科學。

第三，善於勾引小孩：不可否認的，嘉紋老師太瞭解孩子了，他能掌握孩子的好奇天性、引導孩子鑽進閱讀的世界；他也明白孩子對長文閱讀的裹足，知道如何激發孩子挑戰的欲望。他藉著精緻的活動規劃、關鍵的提問設計、臨場的接球投球，透過本書說故事般的娓娓道來，構築了一幅幅美麗動人的閱讀圖像。在圖像裡，每個孩子的眼神專注、回饋熱烈！

第四，擁有深度省思的能力：常見許多閱讀推動者不加思索沿襲舊例，即使成效不彰還是行禮如儀的年年複製；然而，有些制度活動訂定時有其時空背景，面對此時此刻的新世代新環境是否還能一體適用，做之前必須要想一想。嘉紋老師顯然是箇中翹楚，我猜他腦中有「為什麼」的基因，每件事都會反思：為什麼要這樣做？為什麼不那樣做？這真是個好習慣！

第五，不計較多做一點：我覺得嘉紋老師不給自己設框框，他的眼前都是道路，最重要的，他願意多邁出一步。比如說，學校推動閱讀常給人一種「外加」活動的感覺，大家也都知道如果能結合課程，就可以讓活動與教學相得益彰。但這可是大工程啊！嘉紋老師沒在怕的，他結合學校團隊，盤點課文重點屬性，提出搭配的書籍作為補充教材，於是購書有了方向、活動有了支撐、教學有了力道⋯⋯，這關鍵，都在邁出那一步的起心動念。

我樂於推薦本書，盼本書的甜滋味，把大家圈在一起。

閱讀不只是看書，更是培養一個人處事的重要能力

陳清圳（雲林縣華南國小、樟湖國中小校長）

閱讀是一輩子的事，更是國家力量的展現。

所謂素養是一個人從小到大經歷學習歷程，所形成的人格特質。而閱讀就是累積素養的重要方式，他不只是教導孩子讀一本書，更是要孩子去思考，閱歷人生。因此，透過閱讀讓孩子的思考，逐步的讓思考成為一種習慣，甚至從實踐的過程中，內化為一種內涵，累積生命的厚，正所謂學而不思則罔，思而不學則殆。

這樣的重要性，已經成為當今各國看待教育競爭力的指標。國際經濟合作暨發展組織 (Organization for Economic Co-operation and Development, OECD)：針對15歲學生的閱讀、數學與科學素養所進行的「國際性學生評量計畫」(Programme for International Student Assessment, PISA)。其架構可分為學生的閱讀歷程、學習策略以及學習態度三方面。閱讀歷程分為擷取與檢索訊息、統整與解釋、省思與評鑑；學習策略可分為記憶

策略、精緻化策略及後設認知策略；學生的學習態度為閱讀的習慣、語文學習環境等。也因此，閱讀不只是看書，更是培養一個人處事的重要能力。

閱讀甜甜圈，是一本可以輕鬆閱讀、簡易上手的閱讀書籍，簡單來說，他不僅傳達閱讀品質這件事，更是教你如何帶領孩子閱讀的一本手冊。作者打破量的迷思，直指閱讀理解是關鍵所在，它需要帶領、需要策略、需要環境。甚至以聊素，來導入生活。因此，它不僅是跨學科的能力整合，更是引導孩子思考生活的重要書籍。

這樣的思維，剛好與現行課綱素養導向不謀而合，姑且不談教學端的實施現況，就現行大考的題目中，也是閱讀理解與生活導入雙重趨勢。例如，我們擷取國中一道考題：『『頁岩氣』相較於傳統的天然氣，差別只在蘊藏的位置不同。它又稱為非傳統的天然氣。但非傳統的天然氣又包含煤層氣或致密砂氣。近年來由於「水平鑽井」和「水力壓裂」技術突破，我們才能大量鑿取到頁岩氣。它的儲量多，目前可生產出口的只有美國，中國雖然蘊藏量豐富，但因為受限於開採技術，十年內量產出國的可能性不高。頁岩氣又比傳統的天然氣便宜，且與燃煤相比，天然氣每發一度電可減少一半的二氧化碳排放量，以後或許可以取代燃煤發電，減少碳排放。』根據本文請判斷題目最可能的是如何？（A）頁岩氣的優缺點（B）非傳統天然氣的發展（C）頁岩氣對能源發展的影響（D）火力發電的未來。

這樣的國文考題，配合現代能源趨勢，它不能單靠「看書」而已，它是需要檢索訊息、統整概念、解釋文本所要表達的概念為何？因此老師面對這樣的趨勢，就要引導討論、分析文章的層次，從記憶、了解、分析、應用、評鑑、甚至創作來導入學習層次，這是世界發展的趨勢，也是賦予孩子適應社會的能力。

因此，《閱讀甜甜圈》呼應這核心理念，這是一本簡單易學的閱讀書，不管是家長或者是老師，都該擁有一本，放在心中，時刻帶給學生。

我常以「聊書」作為閱讀推廣的途徑，期盼能在分享與對話裡，與書本建立更親密、溫暖的聯繫，這種聊書文化的形成，也是閱讀素養的體現。很高興這樣的理念在這本書裡看見詳實的步驟與實踐過程，這是校園內推廣閱讀的希望藍圖。

——林美琴（國際讀寫推廣專家）

嘉紋閱讀推廣讓我最讚嘆的，就是他總是智慧且耐心的從實務操作中不斷進行思考與創新，掌握現場最關鍵的痛點並予以痛擊。例如：數量與品質、時間與成效、人數與形式、內容與素材……。所以《閱讀甜甜圈》堪稱是現階段最厲害的共讀升級版。。

——溫美玉（全臺最大教學社群「溫老師備課Party」創辦人）

獨閱樂，不如眾閱樂

對於我來說，我常常會有這樣子的感覺——每一次，當我們把書本拿起來，就好像是抵達了機場或是車站的櫃台報到，隨著書中的內容一頁頁被翻開來閱讀，就立即展開了一趟又一趟美麗的旅行。

有的人喜歡在繪本的花園裡悠閒散步，有的人習慣躲到寓言的修道院裡沈澱思緒，還有的人則是迷戀於奇幻小說叢林裡的驚奇探險……。不管最終選擇的是要在哪一種書籍類型的「國度」裡旅行，我們在閱讀時的心情應該是輕鬆而且愉悅的，心靈應該是充實而且飽滿的，不是嗎？

但是曾幾何時，在教育的最前線，我們這一趟趟閱讀旅行最終的結果，竟然演變成是透過「課外書籍閱讀的冊數」或是「閱讀心得記錄單填寫的數量」來評比及衡量？這就好像有個表情嚴肅的警衛守在入境大廳的門口，他懷裡抱著一大疊制式化的「空白心得記錄單」，完全不關心你剛剛是從哪個國家凱旋歸來？也不管你的心裡是否有滿滿的旅遊新鮮事想要跟別人一吐為快，來！全部都坐到一旁去，安安靜靜、認認真真的填寫好這一張張制式化的表格內容以後，才准許你再度踏進國門。

如此一來，閱讀，就迅速變成了一趟趟枯燥乏味的孤獨旅行，也不再是一種既甜蜜又幸福的享受，冥冥之中，這樣子的方式只會讓孩子們與主動閱讀、沈浸在閱讀樂趣的距離，變得愈來愈遙遠、愈來愈被動了呀！

為了改善這個在閱讀教育現場沉痾多年的病症，這些年來，我精心規畫了一系列取名為「深耕閱讀。悅讀生根」的行動方案（而「閱讀甜甜圈」共讀聊素會就是其中的一項），我希望透過這些方案的實施以及師長們像農夫一樣辛勤的耕耘，不只可以明顯提升孩子們的閱讀能力，也期盼那一顆顆「悅讀」的種子，可以在他們的心中生根、發芽，並且日漸茁壯成為一棵翠綠盎然的大樹。

比較特別的是，「閱讀甜甜圈」不只是一首有押韻的詩，也是一首可以演唱的歌曲，它甚至還是一份推動「十人共讀聊素會」的操作手冊，更是我們學校藉以提升小朋友們的閱讀素養與能力，一個不可或缺的「精緻閱讀」實施方案喔！

它除了是針對「過去我們推行兒童閱讀運動的嚴重缺失」（對於「閱讀數量」的盲目追求）的徹底改進之外，也是想要對國內目前大多數學校在「圖書採購」以及推行「班級共讀」方式的重新調整。

最近，當出版社的編輯開始和我討論新書出版的相關細節時，我才驚訝的發現：「天啊！從民國八十八年臺北市興華國小全校積極推廣『共讀』活動給予我的觀念啟發開始，到如今我《閱讀甜甜圈——十人共讀聊素會的籌劃與實作寶典》的新書即將出版上市，剛好整整歷經了二十年的寒暑啊！」

這二十年來，儘管我從一位班級導師、到組長、各處室主任，最後又重新回到了班級導師的身分；也度過了調校、籌辦學校百周年校慶、結婚、生了兩個貼心的寶貝女兒、出版了筆記教學的暢銷書等生命的各個重要關卡，但是，「閱讀甜甜圈」這個優質的閱讀方案，卻始終像一罈陳年的老酒般，愈存愈香、愈存愈散發出許多濃烈的閱讀推廣的好故事出來啊！

在閱讀這本書的同時，請您不要被其中一些原則性的建議（例如：共讀的人數、隊形的安排、地點的選擇）給限制住了，也不要誤認為它只適合在國小的校園內複製推廣，舉凡各種類型的讀書會、成長團體以及工作坊，甚至它也可以深入到每一個家庭，幫助我們建立一個學習型的書香社會喔！

以我們家為例，我和老婆常常載著家裡的兩個寶貝（姐姐六歲，妹妹三歲），到各個藝文場所觀賞各種類型的表演，然後，在每次開車回家的路上，我們全家人就會七嘴八舌、嘰嘰喳喳的踴躍發表自己的心情與想法，有時是「圈圈頻道」，有時是「叉叉頻道」，更多的時候是「問號」以及「雙箭頭」的頻道（這些專業的術語，請您趕快翻閱我書中的介紹，保證您一看就懂，而且可以立刻上手），而這也是我截至目前為止，所帶領過數百場「閱讀甜甜圈」共讀聊素會當中，成員的年紀最小、人數最少、帶領的次數最頻繁的一個群組啊！

在此，我殷切期盼您也可以和您的孩子、學生、辦公室的同仁、好朋友們，「一起」手牽著手、心連著心、圍聚成一個圓圈圈，「一起」尋找生活周遭各種不同類型的素材、「一起」共同閱讀及經歷、「一起」像聊天一樣的交換彼此的心情與想法、「一起」不斷激盪出一道道智慧的浪花，最後達到「獨閱樂，不如眾閱樂」的美好目標。

第一章

「閱讀甜甜圈」的實施背景

當年，剛到教務處任職的嘉紋主任，期許自己可以制定出一份面面俱到、完美無瑕、適用於一到六年級各個班級的「閱讀實施計畫」，讓全校的小朋友們透過這一系列認證以及獎勵的過程，不僅可以增加課外書籍閱讀的數量，同時也可以讓他們養成喜歡閱讀的好習慣，進而成為一輩子與書為友的「愛『閱』人」。

只可惜，十多年過去了，直到現在，嘉紋主任仍然不曾看過有那麼一份可以令人讚嘆不已的「閱讀實施計畫」。還好，他為自己、也為學校，甚至是為這個社會以及各個家庭推廣閱讀教育的實施方式，另外開闢出了一條全新的康莊大道……。

初任教務主任的雄心壯志

追尋一份完美無瑕的「閱讀實施計畫」

民國九十四年，是我第一次擔任學校教務主任的工作，喜好「閱讀」和「寫作」的我，當時懷著滿腔的熱血與抱負，期許自己可以制定出一份面面俱到、完美無瑕、適用於一到六年級各個班級的「閱讀實施計畫」，讓全校的小朋友們透過這一系列認證以及獎勵的過程，不僅可以增加課外書籍閱讀的數量，同時也可以讓他們養成喜歡閱讀的好習慣，進而成為一輩子與書為友的「愛『閱』人」。

只不過，在大量蒐集並且認真研讀了國內許多學校所制定的「閱讀實施計畫」以後，我發現除了計畫的名稱不一樣之外（有的取名為「小博士、小碩士和

期盼孩子可以成為與書為友的「愛『閱』人」。

小學士」、有的是「小狀元、小榜眼、小探花」、有的則是以「金牌、銀牌和銅牌」的名稱來區分），在獎勵的制度方面，幾乎全部都是以「閱讀課外書籍的冊數」或是「閱讀心得記錄單填寫的數量」為依據，只要小朋友們累積超過了一定的門檻，就可以躍升到下一個等級，然後學校會在公開場合頒發獎狀、獎品、圖書禮券或是「閱讀小達人」的獎項以茲鼓勵。

儘管後來我也如願完成了一份頗具特色的「閱讀實施計畫」，只可惜，在正式推行了一整個學期以後，它終究還是因為某些因素遭受到夭折、臨時喊卡的悲慘命運！這也不禁讓我非常的困惑：「在這個世界上，到底有沒有一份面面俱到、完美無瑕、適用於全校一到六年級各個班級的『閱讀實施計畫』呢？如果有的話，它究竟是什麼模樣啊？」

突然的頓悟與發現

在灰心、失望之餘，我始終沒有放棄對隱藏在這個困惑背後完美解答的苦苦追尋，只不過十多年過去了，直到現在，我仍然不曾看過有那麼一份可以令我讚嘆不已的「閱讀實施計畫」。然而，也正因為我持續不斷的關注以及認真思考著這個問題，讓我終於有一天突然頓悟了，我不再像隻被矇著雙眼

閱讀小狀元的帽子。

的驢子般，即使背上馱著笨重的行李，卻始終停留在一條死胡同裡原地打轉。

我驚訝的發現——原來，在鼓勵小朋友們閱讀的過程中，我和大多數人一樣，都深陷在「追求數量」的迷思與泥沼之中而不自知，雖然透過「課外書籍閱讀的冊數」或是「閱讀心得記錄單填寫的數量」，我們可以很客觀、很快速的換算成各種認證以及獎勵的項目，但是在此同時，我們是否可以很確定它就等同於小朋友們的「閱讀素養」和「閱讀能力」的有效提升呢？再加上，全校數以百計、數以千計的小朋友們一起參與了這項「閱讀實施計畫」，對於「閱讀認證過程的品質把關」以及「獎勵小朋友們主動閱讀的誘因」，我們是否也可以好好的掌控？並且盡可能避免一些違反教育的目的或是令人搖頭嘆息的事情發生呢？

尤其這種閱讀認證以及獎勵的方式，我個人覺得有點兒像是一艘小船在無窮無盡、浩瀚汪洋的知識大海中航行一樣，即使小朋友們認真讀完五十本、一百本、兩百本的書籍，在榮獲了小學士、小碩士和小博士等頭銜的肯定以後，他們下一個靠岸的「港口」（閱讀教育的目標）又將會是在哪裡呢？這種飄泊、看不到最後邊際的感覺，我不僅非常的不喜歡，而且也會有一種事情永遠都做不完的無形壓力，自始至終都把自己壓得喘不過氣來啊！

為提升「閱讀教育的品質」而努力

然而，我們究竟要如何改善以上的這些缺點？為自己、也為學校，甚至是為這個社會以及各個家庭推廣閱讀教育的實施方式，另外開闢出一條全新的康莊大道呢？

其實，方法很簡單，那就是：我們必須完全捨棄對於「閱讀數量」的盲目追求，改以全心全意投入為提升「閱讀教育的品質」而努力，只要我們願意用心耕耘精緻而且優質的閱讀教育方案，哪怕它只是一堂四十分鐘的迷你課程而已，我相信，日積月累下來，我們一定可以清楚看到各個成員們在閱讀領域方面的明顯改變，同時也可以確保他們閱讀素養的有效精進，一旦高品質的閱讀教育方案做多了，其他關於「閱讀數量化」的具體成效，也就會在無形之中跟著水漲船高了唷！

共讀方式的折衷調整

一個有趣的方案名稱

在我們學校所推行關於「閱讀教育」各種包羅萬象的活動中，我精心設計了一個取名為「閱讀甜甜圈」的方案，許多不明究理的人士一看到這個有趣的名稱，不是好奇的向我詢問：「奇怪？『閱讀』和『甜甜圈』這兩種風馬牛不相及的東西怎麼會被硬湊在一塊呢？」要不然，就會像是在猜樂透彩券的中獎號碼一樣，一臉興奮的對我說：「應該是貴校的小朋友在『閱讀』方面有很好的表現，學校就會買『甜甜圈』來當作是獎勵他們的禮物吧？」

「嘻嘻，不是啦！你們都猜錯了！」通常，我都是一邊搖著頭，一邊笑著跟他們解釋：「其實，『閱讀甜甜圈』是我們學校所推廣『精緻閱讀』的一種方式，簡單來說，它是由十個人組合而成的小型共讀聊『素』會，藉由大家一起閱讀相同的素材，圍聚成一個圓圈圈，共同討論並且交換彼此的看法和意見，一方面展現我們學校推廣閱讀教育的多元面貌；另一方面，則是藉此提升小朋友們的閱讀品質與學習的成效，最後達到『獨閱樂，不如眾閱樂』的目的。」

因此，「閱讀甜甜圈」這個優質方案的實施目的，除了是針對「過去我們推行兒童閱讀運動的嚴重缺失」（對於「閱讀數量」的盲目追求）的澈底改進之外，也是想要對於國內目前大多數學校在「圖書採購」以及推行「班級共讀」方式的重新調整。

傳統大多數學校的購書方式

過去，對於國內大多數的學校或是圖書館來說，如果有一筆要用來增添館內藏書的經費，通常都是先透過彙整一大疊的書目清單，然後在這筆經費的額度之內，依序把這些書目清單上面的書籍一本一本的採購完畢。

這樣的方式，最大的優點是可以利用這筆經費，一次採買到琳瑯滿目的書籍，讓書架上一夕之間增添了許多不同「口味」的新書，以滿足各種不同類型讀者的閱讀需求。只可惜，從另外一個角度來看，這種「單打獨鬥」的購書方式，卻也很容易造成每一位讀者在個別閱讀完之後，無法與其他人因共同閱讀一本書而擁有相同的共鳴與喜悅，更別奢望他們後續可以有更深入的討論及交流了！這種情況，就好像一群人在品嘗完各地的美食小吃以後，那些只吃了臭豆腐的人，是沒有辦法和吃完豬血糕的好朋友清楚分享自己嘴巴裡面那股既獨特又難忘的滋味一般。

臺北市興華國小的購書方式

為了提升兒童閱讀運動推廣的成效，也為了彌補傳統大多數學校購買圖書館藏書方式的缺憾，讓班上的每一位小朋友都可以擁有一本共同的書籍來進行深度的探究、討論及對話，民國八十八年，臺北市興華國小在兒童文學作家凌拂老師的帶領下，把原本預計編列給各班發展小班教學的經費（五千元），全校集中起來（變成了十八萬），然後用這筆經費讓每個班級都去挑選一本共讀的書籍（為了配合各班的學生人數，這本共讀的書籍一次就購買三十五冊），後續再透過輪流、交換的方式，小朋友就有機會閱讀到其他三十五個班級所挑選的共讀書籍囉！

有了興華國小在採購學校兒童讀物這種「眾志成城」的成功典範，以及這所學校後來又把一到六年級師生共讀一百本各類書籍的過程，鉅細靡遺的整理並且出版了《打開一本書》（遠流公司出版）一共三冊的工具書，頓時，讓「班級共讀」的風氣像燎原的火苗般迅速在全國各地蔓延開來，而國內各個學校以及圖書館日後在採購課外書籍的時候，也有了另外一種全新的思維與選擇：「買書，不再只是單本、單本的買，也可以是一整批三十五本、四十本的買唷！」

「閱讀甜甜圈」的折衷理念

對於我來說，儘管非常樂見這股「班級共讀」的風氣，讓國內兒童閱讀運動推廣的著眼點，不再只是一窩蜂追求小朋友們課外書籍閱讀「數量」的增加，而是改以深度閱讀、高品質的課程設計，讓校園內的閱讀活動變得更加立體、多元而且趣味盎然！

只不過，我的企圖心似乎無法就此滿足，我每天仍然不斷的努力構思著——有沒有可能找到一種折衷的方式，把國內大多數學校傳統「單打獨鬥」購買書籍方式的優點（一次可以採買到許多不同種類的書籍），和臺北市興華國小推行「班級共讀」的優點（可以針對一本書進行深度的探究、討論及對話）結合在一起？要不然，在國家目前財政如此窘困的情況下，每間學校其實很難再有機會可以和興華國小一樣，幸運獲得十八萬元用來採購兒童讀物的經費補助；即便我們擁有一筆得來不易的書款，到最後卻只能讓小朋友們閱讀到大約三十五本班級共讀的書籍，

許多學校一次採買三、四十本共讀的書籍。

不管這些書籍的內容是多麼的優質，多麼值得我們在課堂上和小朋友們進行深度的討論，這樣子的「投資報酬率」，是不是也會讓人覺得有一絲絲的缺憾呢？

因此，在我所設計規畫的「閱讀甜甜圈」這個方案當中，我不再是以「全班的小朋友」作為「共讀」活動推行的基本單位，而是將人數調整成「以十個人為一組」（至於為什麼要做這樣調整？以及如此調整之後會有什麼樣子的優點呢？敬請參閱下一個章節的介紹內容），這麼一來，原本每一本共讀的書籍至少一次要採買三十五冊、四十冊的花費，隨即變成只要購買十冊的數量即可，而這兩者之間所剩餘的經費差額，就可以讓我們繼續再添購其他適合作為「閱讀甜甜圈」共讀的優質書籍囉！

而這種兼顧「數量」與「品質」，折衷調整過後的「十人共讀聊各種素材的聚會」（在本書後面的所有章節，將統一稱呼這個團體為「十人共讀聊素會」，至於為什麼會取這個特別的名稱，敬請參閱本書〈從「聊天」到精緻的「聊『素』」〉的內容介紹）的方式，是不是也會比較吸引人呢？

「閱讀甜甜圈」的名稱由來

「閱讀快餐車」的網路平台

民國九十五年的四月二十三日（當天也是「世界書香日」），為了把學校所實施一系列與「閱讀」相關的活動做系統化的整理與呈現，也順便蒐集更多人對於參與這些活動過後的回饋意見，我和學校的資訊組長茂南老師共同架設了一個名為「閱讀快餐車」的網路交流平台。

在這個網站上，我會定期以照片、影音、網頁等形式，把我們在校園內推廣閱讀教學活動的歷程，毫不保留的與校內（不管是學校的行政同仁、教師、義工及學生）或是校外的人士（家長、畢業校友、社區民眾以及對閱讀有興趣的夥伴們）分享，我衷心期盼可以善用網路不受時間和空間限制的特性，讓這個網路交流平台真的猶如一部性能優異的「快餐車」一樣，可以把我們精心設計的各種閱讀方案，像一道道營養美味的餐點，被熱騰騰的「宅配」到每一戶家庭裡享用。

與「美食」結合的閱讀活動名稱

為了呼應「閱讀快餐車」這個網路交流平台的設計理念，也為了讓小朋友們日後在接觸到這些活動的時候覺得很新奇、很好玩，當我在規畫學校各種與「閱讀」相關的方案之際，都會絞盡腦汁試著把它們的名稱與「吃」的元素結合在一起。

例如：「閱讀必勝課」，是我們推行「讀報教育」的課程名稱；「故事鮮果汁」，指的是學校老師和故事媽媽們的說故事現場實況，因為他們敘說的故事就像現榨的果汁一樣新鮮營養；「閱讀魷魚絲」，是關於一些閱讀的小遊戲、提升閱讀技巧的課程設計，因為我們希望讓小朋友們愈讀愈聰明、愈讀愈覺得有意思，就好像那一條條被烘烤過的魷魚絲，在嘴巴裡不斷被咀嚼的美好滋味一樣。

小朋友「閱讀甜甜圈」共讀聊素會的現場。

而「閱讀甜甜圈」則是以十個人為單位，所進行一場場深度討論和對話的小型共讀聊素會。由於這個活動的座位排列方式，是在帶領人旁邊圍成一個大圓圈，而且整個進行的過程歡笑聲不斷，讓人彷彿吃了鬆軟可口的甜甜圈一樣，留下齒頰芳香的幸福好味道，所以，我才會把這個閱讀方案的名稱取為「閱讀甜甜圈」。

一個綺麗的幻想

最好的傳達方式

在上「閱讀課」的時候，我曾經跟小朋友們分享一個觀念：「在你的頭腦裡面，如果有一個很棒的點子想要和其他人分享，那麼最好的傳達方式，不是透過你的嘴巴一次次的去跟別人說明，而是要花一點點的時間，把它們整理成一份完整的書面資料，讓別人可以自己閱讀，一看就懂！」

對於身為行政人員的我來說，在跟上級單位申請經費或是學校舉辦相關活動的時候，最常擬訂的書面資料不外乎就是「○○計畫」或是「※※辦法」了，儘管這種條理分明、面面俱到的公文格式可以讓人一目了然，但是，我總覺得它太一板一眼了些，而且似乎也少了那麼一丁點的趣味與人性的溫度在裡面！假如要閱讀這份書面資料的讀者還包含了那些稚嫩可愛的孩子們，那麼，我們是不是應該要再多花一點點的巧思，為這份書面資料再做某種形式的包裝與設計呢？

因此，接下來我意氣風發、雄心萬丈的跟小朋友們回顧當初我的企圖心：「主任在設計『閱讀甜甜圈』這個活動的時候，不僅僅只是想要把頭腦裡面的一些好點子整理成一份書面資料，我甚至還想要把它變成一首詩或是一首歌曲，因為我多麼期盼——以後只要每個人（不管是大人或是小孩）唸完或是唱完它，對於這個活動的理念、操作的方法等部分，都會有基本的認識與了解，這是不是一件很棒的事情呢？」

「腦力激盪」的小遊戲

只不過，我這個「綺麗的幻想」要付諸實際的行動，還真的是不太容易啊！

為了讓小朋友們深刻體會到這其中窒礙難行的地方，我特地和他們玩了一個「腦力激盪」的小遊戲：「主任等一下會給大家一分鐘的時間，請試著找出押

『ㄢ』韻的字，看看你們一共可以找到幾個字呢？」

在短短一分鐘的遊戲過程中，有的小朋友緊皺著眉頭，有的則是猛抓後腦勺，到最後，班上大多數小朋友也只能想到寥寥可數的幾個字而已。面對眼前的這個慘狀，我乘勝追擊，又進一步提出了一項更艱難的任務：「請你們試著把找到的這些字詞，串聯成一段有押韻的小文章……。」

等不及我把話說完，教室內已經哀鴻遍野，許多小朋友紛紛嘟著嘴巴抱怨：「唉唷！這怎麼可能？」「這個任務好難喔！」

「沒錯，這個任務真的很困難！」我點點頭，然後開始和小朋友們分享當初我的心情感受：「主任曾經想要把『閱讀甜甜圈』這個活動的理念以及操作的方式，寫成一首押『ㄢ韻』的詩，甚至變成一首可以讓人琅琅上口的歌曲，但是，我努力到一半就想放棄了，因為……這簡直就像《天方夜譚》裡的神話故事般，根本就是不切實際的綺麗幻想！」

「不可能」終究變成了「可能」

講到這個地方，我稍微停頓了一下，然後改以一種歡欣鼓舞的情緒來跟小朋友們說明：「還好，主任當初並沒有就此放棄了唷！後來，隔了好長的一段時間（前前後後大約有一年左右），當我再度重新審視這篇已經被我寫了一半的作品時，想不到我的頭腦竟然像是開竅了一樣，三兩下就把這篇作品的後半段給完成了，最後，主任就讀音樂系畢業的太太甚至還把它譜了曲，讓這篇作品終於變成一首可以反覆吟唱的歌曲了唷！」（詳細的歌詞內容，請參閱下一頁章名頁的介紹）

儘管這個從「無」到「有」的創作過程很辛苦，但是，最後的結果卻是相當的甜美且令人陶醉！更棒的是，從今以後，如果有人想要和我們一樣，以「推行十人共讀聊素會」的方式來提升大人或是小朋友們的閱讀素養與能力，那麼，他們只要把〈閱讀甜甜圈〉的歌詞從頭到尾好好的研讀並且演唱一遍，就可以立即知道囉！因為我們實施「閱讀甜甜圈」這個精緻方案的精神與內涵，全部都濃縮在這首歌的每一句歌詞裡頭了唷！

第二章

「閱讀甜甜圈」的歌詞含意

其實，「閱讀甜甜圈」不只是一首有押韻的詩，也是一首可以演唱的歌曲，甚至它還是一份推動「十人共讀聊素會」的操作手冊，更是我們學校藉以提升小朋友們的閱讀素養與能力，一個不可或缺的閱讀實施方案喔！

閱讀甜甜圈
詞/呂嘉紋
曲/洪凱伶
十個人，圍圈圈，大樹底下聊聊天；
你一句，我一言，心得分享真熱烈。
看繪本，讀寓言，童話森林探探險；
編故事，當導演，你我都是名演員。
十個人，圍圈圈，一起走進書裡面，
甜甜的笑容掛嘴邊，好聽的故事
種心田。

現在，就讓我逐字、逐句為您解說隱藏在這些歌詞背後的深刻含意，您也可以同時參閱本書附錄1〈「閱讀甜甜圈」的歌詞含意對照表〉的詳細內容介紹。

關於共讀人數的限制

搭配歌詞：十個人。

以「十個人」為一組

在我所設計及規畫的「閱讀甜甜圈」共讀聊素會當中，原則上，是以「十個人為一組」的方式來進行。

當初，我之所以會有如此的考量，其實最主要是想在「閱讀品質」與「閱讀數量」之間取得一個平衡，尤其是在學校購書經費有限的情況下，希望盡可能可以採買到各種不同類型的藏書，因此，我才會認為每一本共讀的書籍只要採買十冊左右即可，不一定都得準備到全班人手一冊（大約三十五冊或四十冊）的數量。

可以採用「輪流閱讀」的方式

況且，有些共讀的素材（例如：繪本、詩歌、謎語、剪報等），我們可以在很短的時間之內把它們的內容閱讀完畢，然後，就可以把這些素材暫時擱置在一旁，開始跟同組的夥伴們進行深度的討論及探究，根本不需要堅持一定要等到「全班人手一冊」了，才可以順利進行這個非常有意義的活動。

如果老師們擔心小朋友在短時間之內沒有辦法將這些素材好好的閱讀、細細的品味，那麼，可以在預定進行「閱讀甜甜圈」共讀聊素會的前幾週，就把班上的小朋友以二到三個人為一組，讓他們像是在籃球場邊等待上場的候補球員一樣，開始依序排隊準備閱讀這些共讀素材的內容，如此的安排，不僅可以輕易解決這些素材沒有「全班人手一冊」的困擾，而且透過小組成員有時效性的期程規畫，也可以加快小朋友們個別閱讀的進度，不會讓他們拖拖拉拉的不知道要讀到哪個時候？除此之外，因為在閱讀過後還有要跟其他人分享及討論的安排，也可以藉此增加他們在閱讀這些共讀素材時的動機與意願喔！

避免「全班集體式共讀」的缺點

除此之外，我也常常在想：「如果在推行『共讀』活動的時候，我們沒有針對『人數』的問題有一番審慎的省思與調整，只是一味採用『全班一起共讀及討論』的方式，那麼，這個活動是否只是換湯不換藥的，從全班人手一冊的『教科書』改換成『課外書』而已，其他的方法與步驟，都和平常在課堂上進行語文領域的教學沒有什麼兩樣呢？」

因此，我個人始終認為——這種全班二、三十人集體式的共讀活動，雖然看起來很盛大、很熱鬧、可以讓整個班級所有的學習進度與活動要求一次到位，不過，在它猶如廟會大拜拜的風光場面底下，卻也很容易讓許多成員夾雜在人群之中，當個濫竽充數、沉默不語的客人；即使某些成員參與的情況再怎麼踴躍，討論得再怎麼熱烈，由於班上的人數眾多，總是會讓我覺得有一種人多嘴雜、無法侃侃而談的缺憾啊！

可是，如果採用「閱讀甜甜圈」共讀聊素會的實施方式，把每一組參與共讀及討論的成員控制在大約「十個人」左右，這種不多、不少的人數，不僅可以讓學校購買到更多不同種類的課外書籍，每一組「閱讀甜甜圈」共讀聊素會的帶領人也可以輕輕鬆鬆照顧到每一位參與的成員，包括：他們的發言次數、談話的內容、臉上的表情以及參與聊素會的投入程度等。

值得一提的是，這個以「十人為一組」的人數限制，其實只是一種「原則性」的規範而已，在剛開始帶領「閱讀甜甜圈」共讀聊素會的時候，為了讓所有的成員學會如何跟別人「聊天」，我甚至會讓他們先以兩個或是四個人為一組，等到駕輕就熟了，再逐漸擴增成五個或是十個共讀聊素會的成員。

總而言之，我衷心期盼——在「共讀人數」有些許限制的前題下，可以讓每一位參與「閱讀甜甜圈」共讀聊素會的成員，都可以針對每個討論的主題熱烈發表自己的想法和意見，最後，如願達到「集思廣益」、「甜甜的笑容掛嘴邊」以及「好聽的故事種心田」的美好目標。

關於共讀隊形的安排

搭配歌詞：圍圈圈。

共讀也需要有「隊形」的安排

在上體育課的時候，為了做操的方便，我們會請小朋友們成「運動隊形」散開，以便讓他們在一個寬廣、充裕的空間裡面，盡可能把自己的肢體伸展開來，而不至於動不動就和旁邊的同學發生踫撞在一起的危安事件！

同樣的，在進行「閱讀甜甜圈」共讀聊素會的時候，為了讓所有的討論以及對話順利進行，我們也必須和體育課的做操流程一樣，先要有一個既明確而且清楚的指令，讓所有參與的夥伴們成「共讀聊素會的隊形」坐定位以後，才可以開始採取下一個行動。

不同類型的桌椅擺設方式

「至於『閱讀甜甜圈』共讀聊素會的隊形，究竟會是什麼模樣呢？」

為了尋找這個問題背後的解答，我曾經有一陣子常常拿著相機，只要有機會進入餐廳、咖啡館、會議室或是圖書館等地方，我就會對著裡面的裝潢以及桌椅擺設的方式猛拍照，因為我發現——這些場所不同「格局」的規畫，往往也會造成它們整個情境營造「結局」的不同喔！

而在我所拍攝關於各種「桌椅擺設方式」的數千張照片當中，它們就好像是各種不同的「討論隊形」一樣，我大致將它們區分成以下的幾種類型——

1.「隨心所欲」型

這種類型的桌椅擺設方式很隨機，也很隨性，通常都是配合現場的環境來做決定，只要哪個地方還有空位，這些桌椅就往那裡擺，而且也沒有特別要求一定要朝著哪一個方向。

2.「閱兵典禮」型

在一個高高的講臺或是舞臺底下，每一張桌椅都被左右標齊、前後對正，一排排像是閱兵典禮的阿兵哥一樣整整齊齊的排列著，這是大多數學校的教室、視聽中心以及演講的場合，桌椅最常擺設的一種樣貌。

3.**「促膝長談」型**

在某些飯店房間的角落，我常常會看到這樣子的桌椅擺設方式，讓一同出遊的家人、情侶、好友或是同事，在一天疲累的旅程即將結束之際，還可以依靠在一盞昏黃的燈光底下徹夜未眠的談天說地。

4.**「半圓馬蹄」型**

如果我們把全部的桌椅排成一個「半圓」，它所呈現出來的形狀，也可以被

最常見的桌椅排列方式。

→可以讓人促膝長談的貼心小布置。

←「半圓馬蹄」型的桌椅排列方式。

稱為是「ㄇ字形」，或是像鑲嵌在馬兒腳底的鐵蹄一樣的「馬蹄形」。

而這種隊形所空出來的缺口部分，可以作為小組成員在報告或是成果展演時的活動空間。

在桃園市政府教育局提供給全市教師優質研習場地的「領航中心」裡面，有一間寬敞明亮、設備先進的「未來教室」，它就是以五個人為一組、圍成一個半圓的座位安排方式，其中靠近講臺那一側的桌面上，則是統一擺放了一組輕薄、不占空間的電腦螢幕，作為小組成員簡報檔案、查詢資料或是活動記錄時的輔助工具。

↑「同心圓圈」型的座位排列方式。

→未來教室的座位安排方式。

5.「同心圓圈」型

在某些餐廳或是結婚喜宴的場合，最常看到的就是這種以「圓桌」為主的桌椅排列方式，或許是因為它在上菜、用餐以及讓所有成員在聊天的時候比較方便，同時似乎也象徵著圓圓滿滿、大家和樂同心的意思。

要特別留意的兩個小叮嚀

然而，對於以上這些不同類型的「桌椅擺設方式」，我個人認為並沒有「哪一個比較好」或是「哪一個比較差」的分別，而是必須考量到當天活動現場的實際狀況、參與的人數以及舉辦這個活動最主要的目的等因素來做選擇。

只不過，如果是要進行「閱讀甜甜圈」共讀聊素會的活動，對於共讀成員所需要「排列的隊形」或是「座位的安排」等方面，我個人認為有兩個一定要特別留意的地方——

第一，是每個參加共讀聊素會的夥伴之間，座位與座位的距離不可以相隔太遙遠。否則，每個人在發言的時候都得相當費力，這不只辛苦，而且也很容易讓人誤以為這些成員聚在一起，彷彿像在吵架一樣。

第二，是每一位參與共讀聊素會的成員，都必須很輕易而且很清楚看到其他夥伴的臉。千萬要避免有成員之間是背對背、側著臉或是自成一個小區域的情形發生，要不然，當別人在發言的時候，我們就沒有辦法透過他的手勢以及臉上的表情，正確解讀出他想要表達的真正意思了。更何況，如果每個人都像是對著空氣講話，這不僅是一種非常不禮貌的行為，後續也很難讓這個共讀聊素會的討論氣氛變得更加熱絡與融洽了呀！

我最常排列的共讀聊素會隊形

對於我來說，在進行「閱讀甜甜圈」共讀聊素會的時候，最喜歡、也最常讓小組成員排列的隊形，就是所謂「同心圓圈」的型式了。因為它除了完全符合上述我所提出那兩個要特別留意的要求之外，也是大多數人圍聚在一起聊天、討論事情或是球隊在比賽中場休息的時刻，兩邊的球員和教練之間自然而然就會形成的一種「討論隊形」。

球員和教練自然形成的討論隊形。

記得我曾經參觀過一所學校的圖書室，它裡面除了有「閱兵典禮」型的桌椅擺放方式之外，在圖書室的另外一邊，竟然還有「同心圓圈」型的桌椅擺放方式喔！

我覺得這樣子的規畫真的是太棒了！因為它不只可以滿足傳統全班一起排排坐的上課方式，在偶爾需要小組共同討論或是分組作業的時候，這些固定擺放在圖書室角落的桌椅型式，也就可以方便老師將全班的學生進行分組，並且立即進行一些特別的活動了唷！

可以彈性調整的共讀聊素隊形

在一般的教室裡，如果沒有特殊的教學目的，我習慣讓學生的桌子兩張、兩

在圖書館裡，有兩種不同的桌椅擺放方式。

張的合併在一起，並且以「閱兵典禮」型的方式來排列，分成左邊、中間以及右邊的三個大區塊。

這樣子的座位安排，不僅可以節省教室內有限的空間，也可以讓學生以「兩個人為一組」來進行相關的討論或是分組的活動，這也像是超級迷你版的「閱讀甜甜圈」共讀聊素會的型式。

在帶領「閱讀甜甜圈」共讀聊素會的早期階段，為了讓所有的成員熟悉要如何跟其他的夥伴聊天，我會先將人數設定在「四個人」左右。我們只要請第一及第三橫排的成員站起來並把椅子搬起來，然後整個人向後轉之後再坐下來，與原本第二及第四橫排的成員共用同一個桌面，就可以迅速圍成「四人共讀聊素會」的隊形了。

如果每一組的人數要擴增成為「五個人」，只要在桌子旁邊再多安排一個人的座位就可以了。至於想要進行以「十個人」為主的「閱讀甜甜圈」共讀聊素會的方式，那麼，就請您翻閱下一個章節的內容說明囉！

關於共讀地點的選擇

搭配歌詞：大樹底下。

一個不切實際的詢問

還記得那是一個酷熱難耐的夏日午後，儘管架設在天花板上的每一具電風扇都已經卯足全力的運轉了，但是，學校的教室仍然像一個不斷冒著熱氣的蒸籠般，小朋友們懶洋洋的靠坐在椅子上，一個個皺著眉頭把書包裡的簿本拿出來當扇子搧，卻也無法為自己帶來一絲絲的涼意。

看到眼前這幅景象，我順勢向小朋友們詢問：「有沒有可能……這節閱讀課，我們不要在教室裡頭上，而是改換到學校的禮堂或是橄欖樹叢底下呢？」

等不及我把話說完，許多小朋友紛紛挺直了腰桿，眼睛睜得圓圓大大的，默契十足的反問我：「真的嗎？主任，你說的是真的嗎？」

然後，我又繼續向他們追問：「有沒有可能……我們到了學校的禮堂或是橄欖樹叢下，我們不是在上課，而像是在聊天一樣呢？」

「這怎麼可能？」這時，有大多數小朋友的臉上都露出了非常不可思議的表情。

於是，我又繼續問：「有沒有可能……我們到了這些地方以後，不只像是在聊天，而且桌面上還擺放了一些美味可口的餐點呢？」

「嘿嘿，這是不可能的啦！」在聽完我這一連串的提議後，教室內立刻噓聲四起，小朋友們一致認為我是在開玩笑，亞軒甚至還當著全班小朋友的面，直接跟我下賭注：「主任，如果天底下真的有這麼『好康』的事情，那麼……我們家有一臺氣泡機，活動當天我就把它帶來泡飲料請同學們喝。」

此時，教室內響起了一陣熱烈的歡呼聲。我則是清了清喉嚨，不疾不徐，笑咪咪的告訴他們：「嘻嘻，沒錯！如果我們是按照之前的上課方式來進行的話，主任剛剛所說的那些提議都像是『痴人說夢』一樣的不切實際，但是，只要我們在校園內推行『閱讀甜甜圈』共讀聊素會這個特別的活動，剛剛你們所認為『不可能』的那些事情，其實全部都『有可能』會被實現唷！」

「閱讀甜甜圈」共讀聊素會的活動預告

藉此機會，我再一次像連珠砲一樣，語氣堅定的向小朋友們詢問：「你們想不想把上課的地點改換到其他的地方？」「你們想不想讓上課的過程像是在聊天一樣？」「你們想不想在上課的過程中，不只可以一邊聊天，還可以一邊和同學們共同享用美味的餐點呢？」

「想——」小朋友們異口同聲、眉飛色舞的回答我。

接著，我也開誠布公的跟小朋友們表明：「其實，主任也和你們一樣非常的『想』，只不過，在我們要達到這個不可能的目標之前，所有小朋友這幾個禮拜都必須認真的上閱讀課，因為接下來的課程主題就是關於『閱讀甜甜圈』共讀聊素會的介紹，小朋友們必須清楚了解——這個活動的精神、實施的目的以及它的操作流程，然後，我們才可以開始正式進行這個既有趣又非常具有文藝氣息的活動喔！」

非常幸運的，在學期即將結束之際，我們終於如願在學校的禮堂盛大舉辦「閱讀甜甜圈」期末共讀聊素博覽會的活動，這不僅讓我和學校六年級的全體小朋友之前所虛擬的那個「美夢」成真了，同時也讓他們原本認為是「不可能」的那些事情，全部都變成「可能」了唷！（關於這個活動的詳細過程以及精采的實況，請參閱這本書〈期末「共讀聊素博覽會」的舉辦〉內容介紹）

「情境」不同，「心境」也跟著不同

以我自己為例，如果是要進行以「十個人」為主的「閱讀甜甜圈」共讀聊素會的話，通常我都會把地點改換到學校的會議室、圖書館或是專科教室等地方，因為我想要善用這些場所現有的器材、設備、情境布置以及特殊的桌椅擺設方式，讓我一到現場就可以直接開始進行相關的課程操作，等到活動結束以後，場地復原的工作也可以在最短的時間之內輕輕鬆鬆完成。

另一方面，是因為我希望讓所有參與「閱讀甜甜圈」共讀聊素會的成員，和平常窩在一間擁擠悶熱的教室裡上一整天課的感覺作明顯區隔，透過這些地點所營造出來的不同「情境」，潛移默化的改變所有參與成員們的「心境」，讓大家在如此特別的氛圍中，可以無拘無束、自由自在的暢所欲言。

參考「校園寫生」的上課方式

當然啦！我相信有大多數的師長一定也和當初的我一樣，對於要讓小朋友們離開自己的視線範圍，允許他們可以分組到校園的各個角落進行「閱讀甜甜圈」共讀聊素會的活動，心中難免會有一些顧慮與擔憂，並且強烈懷疑這樣子的安排，只會讓他們圍聚在一起言不及義的聊天、玩耍、嬉鬧而已，根本就不可能達成我們所預設的期待和目標。

如果是這個樣子的話，我們不妨先回想一下——目前各個學校「藝術與人文」的任課教師們，他們究竟是如何進行「校園寫生」的這個課程主題呢？

老師們是不是會先教導學生要學會繪畫的技巧？學會如何挑選校園的美景？如何構圖？如何著色？並且說明作品繳交的期限以及這堂課所要評分的項目是什

麼？等到這些教學的重點都交代清楚了，才會讓全班的學生分散到校園的各個角落，開始進行各個校園美景的彩繪工作吧！

在一連串紮紮實實的教學過程以後，既然我們都可以放心的讓小朋友們自行挑選「校園寫生」的景點了，同樣的，在進行「閱讀甜甜圈」共讀聊素會的時候，我們是不是也可以把舉辦「共讀聊素會『地點』的選擇權」，交給各個小組的成員來做討論及決定呢？

小朋友自行挑選校園寫生的景點。

從「聊天」到精緻的「聊素」

搭配歌詞：聊聊天。

「安靜」是一種美德

那天，當我跟小朋友們預告——接下來幾週，閱讀課的主題是「聊天」的時候，許多小朋友都瞪大了雙眼，一副覺得非常不可思議的表情，有的甚至還一邊搖頭、一邊神情激動的對我說：「怎麼可能！主任，你一定又是在跟我們開玩笑了吧？」

「哈哈，為什麼你們會覺得這是一件不可能的事情呢？」我點頭微笑，並且反過來向小朋友們詢問。

小朋友們指著教室黑板右半邊那個貼滿各式各樣管制卡的區域，七嘴八舌的回答我：「我們老師說上課的時候要認真、守秩序，包括看書的時候也要安安靜靜的，不能隨便和旁邊的同學聊天，如果有大聲吵鬧的人，他們的座號就會被登記在黑板上面喔！」

我側著頭看了看黑板上的這些管制卡，然後轉過身來告訴小朋友們：「沒錯！大多數的老師或是爸爸、媽媽都希望小朋友在上課的時候要乖乖守秩序，也覺得『安靜』是一種美德，『靜悄悄』是舉辦各種活動最高品質的象徵，在主任小的時候，大人也會不斷用『囝仔人有耳無嘴』這句俗諺來告誡我們——要多多使用耳朵來聆聽別人說話的內容，至於嘴巴，則是要像拉鍊一樣緊緊的關閉起來，不能隨隨便便發表意見，更不可以嘻嘻哈哈的和別人聊天。」

「因此，在許多公共場所（例如：圖書館、會議室）的門口，我們常常會看

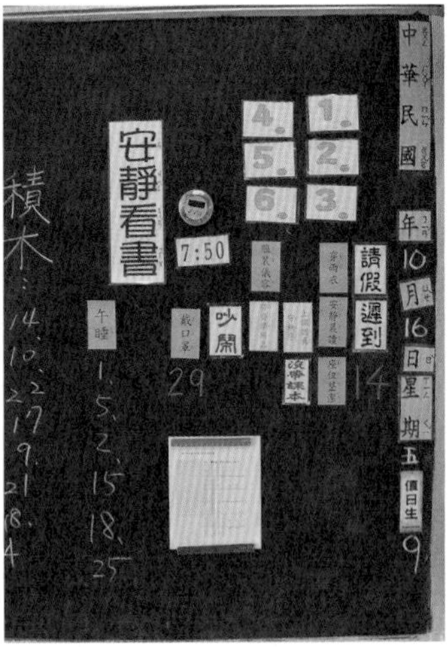

教室的黑板上貼滿了各式各樣的管制卡

到一些禁止大聲喧嘩的標語，清楚的告訴大家——在這些地方，要輕聲細語、要保持安靜喔！」

這個時候，我一邊把「寧靜場所」的圖案標章秀在教室的單槍投影布幕上，一邊語重心長的說：「其實，只要我們可以避免侵犯到別人的權益，懂得適時控制自己說話的音量，『聊天』的行為也就不應該像毒蛇猛獸般的令人深惡痛絕了！相反的，我們甚至還可以從聊天的過程中，不只增進和別人之間的情誼，有時也可以吸收到自己之前所沒有的豐富知識，而這也是主任之所以想要安排這堂『聊天課』最主要的原因囉！」

「聊天」一詞的認真思考

在跟全班的小朋友們分享完我的這些想法以後，緊接著，我又提出了一個大家或許都不曾思考過的簡單問題：「為什麼我們的老祖先要說

「寧靜場所」的圖案標章

『聊天』，而不是說『聊地』呢？」

這個時候，小朋友們一個個托著下巴努力思考。不一會兒，有人回答我：「主任，是不是因為『天空』浩瀚無邊，裡面隱藏了太多宇宙的奧祕值得我們好好的去『聊一聊』呢？」有小朋友說：「是不是因為『聊天』的時候，可以『天』南地北、『天』花亂墜、無拘無束的隨便亂『聊』呢？」還有小朋友則是笑咪咪的告訴我：「我猜，應該是『閒聊』是每個人『天天』都會做的一件事情吧！」

「哈哈，你們的這些想法真是有趣！」在陸續聽完許多小朋友們天馬行空的答案以後，我除了表達內心的肯定之意，也大方和他們分享我的想法：「其實，主任也不知道這個問題背後的正確解答是什麼耶！不過，我猜想會不會是因為大家對於『天氣』的這個主題，都能夠擁有相同的經歷與感受（例如：「今天天氣好冷喔」！「咦，最近怎麼都一直下雨呢？」），因此，它（天氣）也就可以很容易成為人與人之間談論以及閒聊的焦點，或是成為快速拉近彼此陌生關係的熱絡話題囉！」

「聊」字的有趣解釋

至於聊天的這個「聊」字，小朋友們在那次「閱讀課」結束後的課堂筆記簿裡，也有許多令我讚嘆不已的創意解釋喔！

例如——玟靜寫道：「在和別人聊天的時候，我們不只是用嘴巴說，而且還要用耳朵認真聽別人到底在說些什麼？所以，『聊』這個字的部首，才會是『耳』部。」羽芊的解釋是：「在和別人聊天的時候，我們不只『耳』朵要聽別人說，自己也要『卯』足全力的說給別人聽，這樣子的聊天才會很熱烈。」昊蓁則是畫了一張很可愛的插圖，把一個人在和別人聊天的時候，要具備很重要的三個要素（頭腦要「想」，耳朵要「聽」，嘴巴要「講」），全部都清清楚楚的呈現出來了。

昊蓁所畫的可愛插圖。

在連續幾年的「閱讀課」裡，我都會把這些學姐們對於「聊」這個字的獨到見解，在課堂上與小朋友們分享，而且我也會非常武斷的跟他們表示：「主任相信，在這個世界上，應該沒有一部字典或是一個人，可以再提出比她們更好甚至是更有創意的答案了吧！」

想不到，後來有一位優秀的大男孩（范綱祐），他在那次的課堂筆記簿裡以自己的姓氏為主，取了一個「范老師講堂」的標題名稱，然後寫下一段讓我讚嘆不已的解釋：「『卯』是古代中國人的時間順序，以前人們在卯時（早上五到七點）就會出去工作了，那個時候彼此見面都會打招呼，難免也會寒暄幾句，而他們所寒暄的話題，就是人們『聊天』的內容。」

從「聊天」提升到精緻的「聊『素』」

然而，也正因為我曾經把「聊天」當成一個課程主題來上，讓我更深刻體會到——「聊天」，絕對不只是插科打諢、打情罵俏、打發多餘時間的無聊行為而已！

如果我們可以和學校的小朋友、家中的寶貝、公司的同仁或是成長團體的好夥伴們，共同找到一個大家有興趣的話題，把原本稀鬆平常的「聊天」提升到精緻的「聊書」，甚至是「聊『素』」（哈，這是我自己胡亂創造的名稱，我把它解釋為「聊人生各種大大小小素材」）的層次，我相信一定也可以聊得非常精采、聊得非常愉快的唷！您們看，光是針對「聊」和「天」這兩個再平凡不過的字詞，我和小朋友們之間竟然就可以激盪出如此美麗的智慧火花了，您們一定也是可以的，加油！

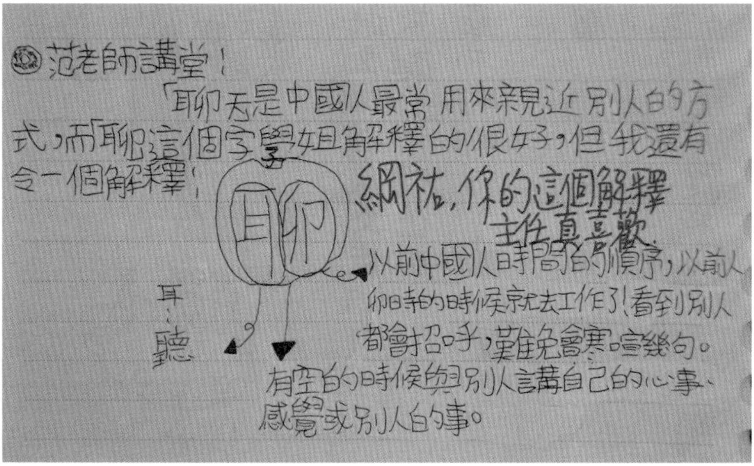

綱祐的「范老師講堂」。

關於共讀成員的地位

搭配歌詞：你一句，我一句，心得分享真熱烈。

被一群孩子們「圍剿」

記得有一次，我參加學校教職員工縣外旅遊的活動，一大清早，在等待遊覽車到來的空檔時間，幾位同仁們圍聚在飯店的門口聊天，而他們的孩子則是安靜坐在旁邊的階梯上看書。

不一會兒，我看到這群充滿書卷味的小朋友們，默契十足的把目光從書堆裡挪移了出來，然後開始熱烈討論著他們曾經看過《祕密花園》這本世界名著的心得與想法。

看到眼前這個千載難逢的好時機，我立刻加入了他們的討論行列，並且一臉好奇的問：「你們都覺得《祕密花園》這本書很好看嗎？」

只見他們點頭如搗蒜，沒有一個人有不同的意見。

「可是，我覺得這本書很難看耶！」我直截了當的跟他們表達了我的立場。

這時，他們一個個無不瞪大了雙眼，同時以非常不能認同的表情反問我：「怎麼會呢？」

在課堂上，我曾經教導小朋友們要特別留意：「在閱讀完一本書以後，絕對不可以只是選用『好看』或是『不好看』這樣空洞的評論意見，而是要再加上你認為這本書好看或是不好看的『原因』及『理由』，如果可以引經據典、採用條列的格式，把自己的想法和意見表達得愈詳細、愈具體，那才是完整的敘述方式，也比較容易得到其他人的認同喔。」

於是，我準備開始和他們分享我所抱持的「原因」和「理由」是什麼？只不過，在這之前，我先用一個既簡單但是卻又非常重要的問題來測試他們，因為我想要看看他們對於《祕密花園》這本書裡面的內容，到底涉獵得有多深入呢？

首先，我拋出了這個問題：「請你們回想一下，那座『祕密花園』緊閉的大門，到最後是怎麼樣被打開來的呢？」

郡恬想都沒有想，立即回答我：「因為鑰匙被書中的女主角瑪麗給找到了呀！」

「那……瑪麗怎麼會知道這把鑰匙是被藏在哪個地方呢？」我又繼續追問。

這時，換成安古搶先告訴我：「因為有一隻知更鳥停在一個小土堆上面，讓瑪麗知道鑰匙被埋在裡面，並且發現祕密花園的入口其實就在旁邊的樹叢裡……。」

「沒錯，你們說得真好！」看到他們把這本書的情節掌握得如此清楚，我先是點頭肯定他們，然後再提出我的不同看法：「不過，這也是主任覺得這本書很難看的地方耶！因為這樣子的安排太不合理了！哪可能有一隻鳥站在某個小土堆上面啾啾啾的叫，人們就會知道這裡面藏了一把鑰匙，甚至竟然還知道可以利用這把鑰匙，順利把祕密花園的大門給打開來！」

在聽完我的看法以後，威羽立刻反駁我：「不會啊！這樣子的安排，可以充分展現這本書的作者富有想像力，而具有想像力的童話故事，才會吸引讀者去閱讀呀！」

郡恬也連忙發表她的見解：「或許是因為她們常常和這隻知更鳥玩在一起，漸漸的也就像鸚鵡聽得懂人話一樣，清楚知道牠想要表達的意思是什麼了呀！」

安古此時坐在一旁，不斷的點頭附和：「對啊！對啊！妳們兩個人都說得很有道理耶！」

最後，我則是當著這群小朋友的爸媽面前，一邊作勢要教訓他們，一邊笑咪咪的說：「唉呀！你們這群小蘿蔔頭可真是大膽啊！想不到竟然聯合起來圍剿我……。」

粉碎所有的隔閡與阻礙

嘻嘻！在帶領小朋友們進行「閱讀甜甜圈」共讀聊素會的過程中，有些時候，我會設下這種「故意和別人唱反調」的圈套，讓他們群情激憤的一起來「圍剿」我，因為我希望藉由這樣子的方式，讓他們可以勇敢粉碎我因為年紀、身分、性別等因素所造成的巨大隔閡，然後他們就能暢所欲言，同時也可以深刻體會到

——所有參與「閱讀甜甜圈」共讀聊素會的每一位成員地位都是平等的，他們所說的每一句話、每一個想法，都是一樣有價值的唷！

因此，在參與以及帶領「閱讀甜甜圈」共讀聊素會的時候，我們一定要清楚知道——這是一個觀念溝通、想法交流、集思廣益和創意激盪的美好過程，而不是一種思想的複製、知識的灌輸或是某種學問信仰的獨尊，更不可能像長官對部屬、大人對小孩的「訓」話一樣（強勢的一方，不斷讓「言」語像滔滔河「川」一樣不停的怒吼，而較弱勢的那一方，只能唯唯諾諾、不敢吭聲的低頭默默承受），否則，這不僅不是「閱讀甜甜圈」共讀聊素會應該擁有的正確樣貌，如此的方式，也無法讓這個共讀聊素會的團體營造出像是在享用甜甜圈一樣，讓人有種幸福與甜蜜的感覺啊！

除此之外，在「閱讀甜甜圈」共讀聊素會進行的過程中，我也會嚴格禁止小組的成員仿效某些綜藝節目的主持人，為了嘩眾取寵或是刻意製造好笑的爆點，動不動就把一些「聽起來感覺很酷，好像頗有個人說話風格」，但是卻又「很容易讓人聽了以後心裡很受傷、很想追著你猛打」的話語掛在嘴邊，例如：當有人興緻勃勃的想要和大家分享一件他覺得很好玩的事情時，另外一個人則是翻著「衛生眼」（白眼），一臉無趣的說：「這已經是三百年前的笑話了，一點兒都不好笑！」或是有人忙著做出滑雪橇、穿雪衣以及演奏叮叮噹的聖誕音樂，因為他想要透過這些滑稽的動作來表達：「你所講的事情我一點兒興趣也沒有，而且你的談話內容讓整個氣氛變得『好冷喔！』」

如果有遇到上述這些負面行為的發生，通常我會立即制止並且當場給予適時的糾正，因為這不僅會讓這些人宛如一隻隻全身長滿尖刺的河豚般，讓人不喜歡和他們接近，往後他們的人際關係也會變得很差，尤其這些行為會嚴重阻礙「閱讀甜甜圈」共讀聊素會後續活動的進行，更不利於成員之間感情的培養與維繫。

共讀聊素會最適宜的氛圍

相反的，我記得曾經有一位小朋友告訴我，她最喜歡在放假的時候到鄉下找外婆聊天了，因為每次她在跟外婆講述關於學校或是家裡所有大大小小的事情時，即使是一些沒有特別有趣的小笑話，可是，她的外婆總是笑咪咪的，不只會溫柔的看著她，而且還會非常有耐心的側著頭聆聽，甚至在聽完了以後，都會忍不住摀住嘴巴，東倒西歪的笑得比其他人還要來得開心！

我相信，如果參與「閱讀甜甜圈」共讀聊素會的每一位成員，都可以像這位小女孩和外婆聊天的情形一樣，沒有身分與年齡的隔閡，也沒有充斥著任何具有殺傷力的語言暴力，只有專注的聆聽以及溫馨的接納，如此一來，這個「閱讀甜甜圈」共讀聊素會的討論和分享的氛圍，才會熱絡得像一座堆滿乾燥木柴的火爐般，不僅可以持續不斷冒出熊熊的烈火，而且還會不時傳來「劈哩叭啦（熱烈討論）、嗶嗶啵啵（歡笑不斷）」的聲響……。

關於共讀素材的選擇

搭配歌詞：看繪本，讀寓言，童話森林探探險。

沒有經過任何處理的材料

那天，在上「閱讀課」的時候，我向小朋友們詢問：「如果有一個女孩子，她的臉上都沒有塗抹任何的化妝品，那我們會說她怎麼樣呢？」

「素顏。」小朋友們異口同聲，非常有默契的告訴我這個答案。

「沒錯！」我點點頭，繼續追問，「那……如果有一個畫家沒有經過其他老師的指導與訓練，但是他所畫的圖都很漂亮，我們又會怎麼樣稱呼這個畫家呢？」

「素人畫家。」小朋友們連想都不用想，直截了當的回答。

「太棒了！」看到小朋友們一步步落入了我事先預設好的圈套，我喜上眉梢，繼續向他們詢問：「如果有一些材料都沒有經過任何的包裝與處理，那我們又會怎麼稱呼它們呢？」

這個時候，教室內的小朋友們有一點點遲疑了。過了好一會兒，才有人像是在猜謎語一樣，反過來怯生生的問我：「主任，是『素材』嗎？」

「賓果，答對了！」我一邊點頭，一邊給小朋友們拍手鼓勵。

「閱讀」不只是「讀書」而已

還記得有一次上閱讀課，我跟全班的小朋友逐字逐句講解〈閱讀甜甜圈〉這首歌的含意，當我講到第三行歌詞的內容（看繪本，讀寓言，童話森林探探險）時，我告訴小朋友們：「在升學主義至上的觀念影響下，很多人會把『閱讀』和『讀書』這兩個語詞畫上等號，許多小朋友也都誤以為大人希望他們能夠認真讀書，只是要他們閱讀一本又一本枯燥無趣的教科書、參考書，或是一次又一次反覆不斷的抄寫生字語詞簿裡面的內容而已，其實這是非常錯誤的觀念喔！」

所以，在進行「閱讀甜甜圈」共讀聊素會的活動，我會使用「閱讀素材」或是「聊素材」這樣子的名稱，來代替「讀書」或是「聊書」的說法，就是為了避免讓大家誤以為我們只是侷限在「書本」的這個選項而已！舉凡一張海報、一部電影、一首歌曲、一朵鮮花或是路邊的一棵樹，全部都可以變成閱讀的材料，而我們也應該如同美國詩人布萊克所形容的：「在一粒沙中，我看到了一個世界；在一朵花中，我看到了一個天堂。」

多元化的閱讀素材

藉此機會，我請所有的小朋友和我一起動動頭腦想想看：「在生活的周遭，除了『書籍』之外，還有哪些『素材』是可以成為我們在閱讀及討論時的選擇呢？」

在靜默了一會兒之後，小朋友針對這個問題紛紛提出了他們想到的答案：「一隻動物、一朵花、一棵樹、一塊岩石、一面國旗、一幅圖畫、一行標語或是名言佳句、一則剪報、一首歌曲、一張廣告單、一塊車牌或是交通標誌、一畦農田、一則寓言故事、一段新聞報導、一部微電影、一本小說、一齣戲劇……。」

儘管小朋友們的發言十分踴躍，但是由於課堂的時間有限，讓我不得不暫停眼前這一番熱烈討論的景象。最後，我則是不忘提醒他們：「主任相信你們一定還可以再想到其他數以百計的答案，假如可以靜下心來好好閱讀這些充斥在生活周圍的『素材』，如同仔細品味一道道的美食佳餚一般，不僅可以增長我們的知識與智慧，還可以擴大自己的眼界與胸襟，甚至可以增添生活的情趣，讓我們的人生變得更加豐富多彩喔！」

沒有最好的素材

值得一提的是，在帶領「閱讀甜甜圈」共讀聊素會的時候，我常常會遇到老師或是故事爸媽在面臨選擇素材的時候，總是緊皺著眉頭猶豫不決，最後，只好右手拿著一本小說、左手拎著一本圖畫故事書，一臉疑惑的跑來找我幫忙他們做決定。

通常，我會笑咪咪的告訴他們：「在這個世界上，其實沒有所謂『最好的素材』，只有『你最想要和別人分享的素材』喔！」

如果遍布在我們生活周圍的這些「素材」，在你個人閱讀以及經歷過後，內心突然掀起了一股洶湧澎湃的情緒，或是頭腦裡激盪出許許多多想要和別人分享的想法，即使它只是一本乏善可陳的書籍，還是一則令人搖頭嘆息的新聞事件，也都可以作為「閱讀甜甜圈」共讀聊素會的素材。

只不過，在帶領「閱讀甜甜圈」共讀聊素會的早期階段，我會先以那些內容比較淺顯易懂、篇幅比較簡短的素材為主，讓所有參與的成員只要花費短短幾分鐘共同閱讀的時間，對於這些素材的內容就有了共同的交集及經驗（如同我們對於「天氣」的感覺一樣），後續就可以採用像「聊天」一樣的方式，輕鬆而且沒有任何負擔的發表自己的想法和意見了。

在連續操作幾次之後，等到所有「閱讀甜甜圈」共讀聊素會的成員們技巧更成熟、默契更足夠了，我們就可以挑選那些頁數比較多的小說或是播放時間需要比較久的影集等素材，採用分批、分次的方式，陸續將這些素材的內容閱讀完畢，然後再規畫一次或是數次的聊素會，讓所有的成員們可以更深入的進行相關的討論以及意見的交流。

閱讀最終極的目標

在每年的「閱讀課」即將結束之前，我都會提出這道題目來讓大家猜猜看：「主任期盼小朋友們悠遊在閱讀的世界裡，最終極的目標，就是可以把一種非常深奧難懂的『素材』讀通與讀懂，但是，到目前為止，卻很少有人可以完成這樣的任務，你們知道主任所說的這種『素材』指的是什麼嗎？」

有小朋友回答：「是老祖先流傳下來的古書嗎？」也有人說是「佛經」，還有人開玩笑的說：「該不會是最近這陣子陰晴不定的怪天氣吧？」

「哈哈，都不是！」我一邊笑，一邊把我這個耐人尋味的想法和他們分享：「這個特別的『素材』，指的就是老天爺送給我們每個人獨一無二、永遠都不可能回頭的『人生』，因為它就好像是一套內容豐富的百科全書一樣，裡面隱藏了許許多多包羅萬象的材料，在每天的生活當中，我們都應該好好的閱讀並且認真的研究它們啊！」

閱讀立體化的最佳展現

搭配歌詞：編故事，當導演，你我都是名演員。

推廣「兒童閱讀」最大的致命傷

在某些關於「閱讀」的演講場合，為了點醒大家對於這個問題的重視，通常我會板起臉孔，以非常嚴肅的表情告訴臺下的師長們：「在推廣閱讀的過程中，如果我們覺得成效不彰，孩子們根本沒有養成喜歡閱讀的好習慣，我認為最大的致命傷就是——在教學的現場，我們總是一味的要學生在看完一本書以後，就必須填寫一張『閱讀心得記錄單』，並且喜歡以這樣的方式，來代表自己是認真推廣閱讀的唯一證明。」

在此同時，我也會進一步解釋：「其實，我的意思並不是說『閱讀心得記錄單』不好，而是如果我們只為了便宜行事或是後續批改的方便，不管孩子們閱讀的是少年小說、童話故事，還是圖文並茂的繪本，我們都只是採用一張Ａ4大小、已經擬好固定問題的制式化表格，就企圖想讓他們把自己閱讀過後的心得與感想完整的記錄在上面，這不僅是一種緣木求魚的舉動，也很容易變成一項非常枯燥無趣的回家作業，長久實施下來的成效，當然也就會非常的令人搖頭嘆息囉！」

一系列「深耕閱讀」的方案

因此，這些年來，我在校園內積極規畫了一系列關於「深耕閱讀」的方案（而「閱讀甜甜圈」共讀聊素會就是其中的一項），我希望透過這些方案的實施以及師長們像農夫一樣辛勤的耕耘，不只可以明顯提升孩子們的閱讀能力，也期盼那一顆顆「悅讀」的種子，可以在他們的心中生根、發芽，並且日漸茁壯成為一棵翠綠盎然的大樹。

例如：在推廣「讀報教育」方面，我們有二十二堂取名為「閱讀必勝課」的完整規畫；「故事路邊攤」的活動，是邀請高年級的大哥哥及大姐姐們，利用課間活動的時間為全校的弟弟妹妹們導賞他們所推薦的好書；透過六年級應屆畢業生「主題書展博覽會」的盛大舉辦，則是可以激勵孩子們閱讀一整疊書的高效策略。

除此之外，每年搭配「聖誕節」濃濃的歡樂氣氛，我們會讓全校的小朋友們一同參與「閱讀展演」的藝文饗宴（低年級是以唱唱跳跳的歌謠和律動為主；中年級是以各種童話、寓言和神話故事的題材來發揮巧思；高年級則是擷取世界名著或是經典小說的精采片段來呈現），我們不只希望全校的小朋友可以當個才華洋溢的編劇，大膽的改編故事、創作故事，也期盼他們當一名可以掌控全局的導

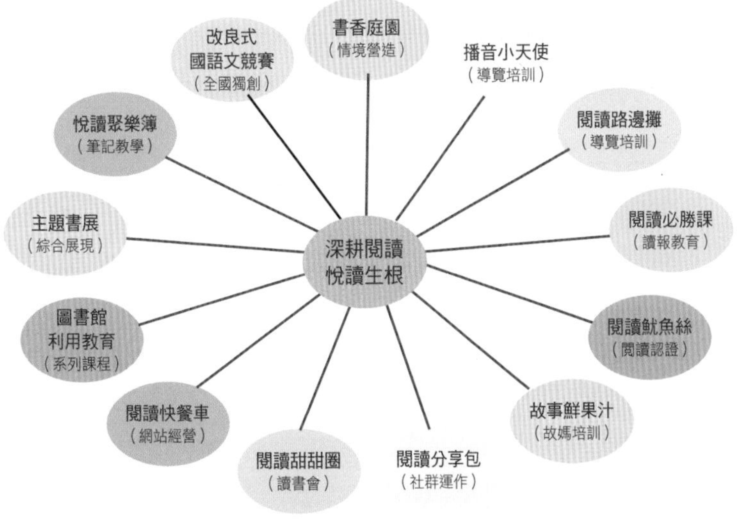

我在學校所規畫一系列「深耕閱讀」的方案。

演，讓班上的每一位同學都盡可能像個知名的演員一樣，在舞臺上大方展露自己耀眼的光芒。

我也曾經很直截了當的跟教學現場的老師們表示：「如果一時之間，您還不知道要怎麼樣在班上進行『閱讀』的推廣活動，那麼，就讓您的學生把課文或是兒童讀物的內容拿來演戲吧！因為一齣戲劇從劇本的選擇到正式的演出，一定會經歷一連串素材的篩選、劇情的研讀、角色的揣摩、時空背景的考證等過程，這可是會讓閱讀的成效更滲入人心、更令人永遠難以忘懷啊！」

編故事，當導演，你我都是名演員。

讓平面的閱讀素材立體化

綜合來看，我們這一系列高品質的「深耕閱讀方案」有一個共同的特色，那就是——試圖讓孩子們所閱讀的平面素材全部立體化。

如果用小朋友們聽得懂的話來說，就是想要把那些「2D」的素材內容，全部都變成「3D」的閱讀成果。讓原本只是白紙黑字、平面靜止的鉛字印刷材料，或許立體化成為一齣叩人心弦的戲劇演出、一段三分鐘的全校廣播、一節四十分鐘的熱烈討論，還是一組主題群書令人激賞的導賞介紹，而不再只是要求學生填寫那一張又一張千篇一律像是手銬及腳鐐般的「閱讀心得記錄單」而已，如此像花團錦簇般多元、有趣的閱讀實施方式，當然也就會令人刮目相看並且讚嘆不已囉！

以身作則的閱讀好榜樣

搭配歌詞：一起走進裡面。

一段好用的名言佳句

如果有機會參加教師組的演講比賽，我常常會跟參賽的選手們打個賭：「我相信在今天的演講比賽當中，一定會有人引用『教育之道無它，唯愛與榜樣而已』的這段名言佳句，因為它就好像一把功能齊全的萬用瑞士刀一樣，只要是牽涉到『教育』的議題，不管老師們抽到的是什麼題目，一定都可以把它派上用場唷！」

只不過，對於這段名言佳句的出處，往往會被張冠李戴成歷史上各個著名的學者，有人說是「盧梭」，也有人說是「杜威」，還有人認為是「柏拉圖」說的，其實，它是被譽為「幼兒教育之父」的「福祿貝爾」所說的啦！然而，我始終也只是把它當作一則已經背得滾瓜爛熟的名言佳句而已，針對蘊含在其中充滿智慧的道理，我並不曾有過特別深刻的感受，也從未靜靜的去思索以及好好的咀嚼一番。

「愛」與「榜樣」最真實的寫照

直到那天早晨，當我站在學校的操場中央，看到低年級的導師們正帶領全班的小朋友在進行慢跑的活動，當時，我的心裡頭突然像是被一股強大的電流給襲擊了一般，因為豎立在我眼前這一幅既美麗又令人感動的畫面，不就是福祿貝爾「教育之道無它，唯『愛』與『榜樣』。」這句話最真實的寫照嗎？

如果這些導師們對於自己班上的學生沒有「愛」，他們怎麼會願意額外的付出？願意在班級的課堂行事中安排像「跑步」這種對身心發展有益的晨光活動呢？

還有，在這個充滿「愛」的活動當中，最讓我忍不住想要伸出大姆指來好好讚揚一番的，就是這些導師們身先士卒的成為孩子們的「榜樣」，一起親身陪伴他們共同完成這一圈又一圈的學習歷程，而不是站在一旁，插著腰、瞪大眼睛，嚴格要求小朋友們必須自行完成的一道命令而已。

推廣「閱讀」之道無它

這也不禁讓我想起，在某些「親職教育」以及「教師專業進修」的演講場合，我常常會被臺下的聽眾朋友們徵詢的問題，就是關於「如何讓他們原本『不喜歡閱讀』的孩子（或是學生），變成『喜歡閱讀』呢？」

面對這一個個徬徨無措、焦急的宛如想要尋求一帖「閱讀萬靈丹」的師長們，通常我都會毫不拐彎抹角的回應他們：「很抱歉！根據這些年我在推廣閱讀教育的經驗，我發現並沒有一條可以讓我們一步登天的捷徑，也沒有那種可以讓孩子們在『服用』了以後，就立即產生明顯改變的『特效藥』耶！」

正當這些聽眾的臉上露出了一點點失望與難過的表情之際，我則透過改編福祿貝爾的這段名言佳句來與他們共勉：「其實，你們也不用太擔心啦！因為推廣『閱讀教育』之道無它，唯『愛』與『榜樣』而已！」

一幅既美麗又令人感動的畫面。

「一起」走進閱讀的世界

其實，我的意思是指——如果希望學生或是孩子們喜歡上「閱讀」，那麼，我們自己就必須和他們手牽著手、「一起」走進閱讀的世界裡，而不是把閱讀教育推廣的工作，全部都推給學校負責圖書館業務的老師或是各個班級的說故事義工們；也不是在要求孩子們必須認真閱讀的同時，自己卻忙著在聊天、上網、講電話、看電視或是批改作業。如果在與孩子們相處的每一個黃金時刻，我們所做的都是跟「閱讀」無關的瑣碎雜事，那麼，他們當然也就不會被我們的身教以及言教所影響和感動了，因為我始終深信：「唯有我們這些師長們『當真』，孩子們才會因此而『認真』啊！」

因此，我常常會在演講的場合，跟所有的師長做這樣子的比喻：「在帶領孩子們閱讀的過程中，有些時候我會覺得自己好像是陪他們在一灘爛泥巴堆中玩耍一樣，如果我們只是腳踩著油油亮亮的皮鞋，全身穿著光鮮亮麗的服飾站在田埂上，卻始終像隔岸觀火般的遠遠『監視』著孩子們的一舉一動，那麼，我們就只能像在『隔靴搔癢』一樣，永遠都不可能親身體會到孩子們內心最真實的感覺，也無法看見閱讀最深入人心的那個部分了呀！」

有了這樣子的共識以後，接下來，我會大聲呼籲：「我認為在推廣閱讀的過程中，最簡單，卻也是最具體可行的方式，就是我們一定要毫不猶豫的直接跳到『閱讀的福田』中央，和孩子們混在『一起』，開開心心的打一場讓彼此全身上下都髒兮兮的『閱讀爛泥巴仗』吧！」

而這些年來，我所積極推行的這個「閱讀甜甜圈」共讀聊素會，就是殷切期盼所有的師長可以和孩子們手牽著手、心連著心，「一起」把書本打開來、「一起」閱讀、「一起」討論、「一起」墜入茫茫的書海之中，然後就可以不斷激盪出一道道智慧的浪花……。

我相信，有了師長們用「愛」與「榜樣」交織而成的這張防護網，不僅可以讓這一個個「閱讀甜甜圈」共讀聊素會的分享氛圍變得更加熱絡，無形之中，也可以拉近我們與孩子之間心與心親密的距離，更重要的是，當師長們可以用比較貼近孩子的立場以及觀點來思考問題的時候，後續所提出來的任何要求與期盼，也就會比較合情、合理，甚至更具有人性的溫度喔！

「閱讀甜甜圈」的深遠影響

搭配歌詞：甜甜笑容掛嘴邊，好聽的故事種心田。

一段無憂無慮的童年歲月

在國小三年級（民國六十八年）以前，我都是居住在臺東縣鹿野鄉龍田村的一個鄉下小聚落，在那段無憂無慮的童年歲月裡，「閱讀」這個語詞對於我來說，似乎是完全的空白！

一方面是因為在那個年代，我的父母親每天忙著張羅全家三餐的溫飽都來不及了，怎麼可能還有多餘的時間與金錢，會去關心孩子們的「精神食糧」是不是已經嚴重匱乏了呢？另一方面，則是因為當時學校裡的兒童讀物也少得可憐，如果有的話，也只是一些破舊不堪的書或是政令宣導的手冊而已。

至於在那段期間，我曾經參與過哪些與「閱讀」有關的活動呢？現在仔細回想，在我的腦海裡還保留清晰畫面的，大概也只有以下的這兩個活動了——

第一個，是學校每年都會在前庭的大榕樹底下舉辦的「演講比賽」。我還記得那個時候我被老師指派為班級的代表，要正經八百的站到臺上，跟全校師生滔滔不絕的「演講」那篇我從作文範本中抄錄下來，早就已經背得滾瓜爛熟的文章〈我最崇拜的民族英雄——岳飛〉；另外一個，就是當年有一位年輕的簡老師，他在學校代課的那段期間，每天都會利用大家吃過晚餐後的空檔時間，把全村的小朋友們全都召喚到廟前的廣場上，聽他口沫橫飛的講述一些光怪陸離、既荒唐又有趣的神怪小故事。

除此之外，對於童年的「閱讀」經驗，我就再也沒有任何印象比較深刻的事情了！

積極推廣「閱讀教育」的理由

然而，或許就是因為有著這樣子的成長背景，讓我在當上老師和主任以後，

美好的閱讀經驗將永久留存在心中

對於「推廣閱讀教育」這件事情，一直以來都格外的積極用心，這除了是因為「閱讀」本身就具有相當多的好處，可以帶給孩子們徹頭徹尾的改變之外，其實說穿了，有一大部分的原因，是因為我想要彌補童年時期這段「閱讀」經驗的空白與缺憾。雖然過去的那段歷史在我的身上已經沒有辦法再改變了，但是，至少我可以讓它在我所教過的每一個孩子的身上，永遠都不會重新上演及發生！

如今，有時候當我坐在學校的大樹底下乘涼，童年時期上臺參

閱讀的力量不只深遠，而且憾動人心！

加演講比賽的過往經驗，就會像一部老電影般在我眼前不斷的重播著；偶爾，在心情煩悶的夜晚，我喜歡走到戶外抬頭仰望滿天的星斗，從那一閃一滅的點點星光當中，彷彿可以讓我重新回到那段無憂無慮的童年歲月，因為當年我們就是躺在從自己家裡搬過去的長板凳上面，一邊看著滿天的星斗對我們猛眨眼睛，一邊安靜聆聽著簡老師所敘說的每一個故事呀！

此情、此景，不僅讓我驚覺——原來，「閱讀」的這股強大力量，不只可以穿越古今時空距離的限制，而且它的影響，竟然是如此的深遠以及撼動人心啊！

讓「幸福」緊緊跟隨

因此，在帶領和親身參與「閱讀甜甜圈」共讀聊素會的過程中，有時雖然辛苦而且必須耗費許多額外的時間，但是，每次在聽到所有參與的夥伴們一陣又一陣爽朗的笑聲，以及每個人的臉上始終都掛著甜甜的笑容，我就覺得這樣的努力與付出非常值得，因為這可是我們在推廣「閱讀教育」的時候，最立即、最清晰可見的實施成效；而從那一個個微彎的嘴角所盪漾出來的笑意，就是因為大家已經從「閱讀」、「對談」以及「討論」當中汲取到了智慧的菁華，然後從內心深處不斷發酵、蘊釀而成的自然生理反應啊！

這也不禁讓我想起了那則寓意深遠的小故事——

有一隻小獅子好奇的問媽媽：「幸福在哪裡？」媽媽說：「幸福就在你的尾巴上面啊！」於是，小獅子每天就一直追著自己的尾巴轉圈圈，可是，即使用盡了全身的力氣，小獅子仍然無法觸摸到自己的尾巴。就在這個時候，獅子媽媽笑著說：「傻孩子，你根本不用追著自己的尾巴轉圈圈，只要你一直往前走，『幸福』就會永遠跟在你的後面啦！」

同樣的，這些好聽的故事以及美好的閱讀經驗，一旦「種」在所有參與夥伴心裡的那畝福田之中，後續究竟會產生什麼樣深遠的影響呢？或許我們沒有辦法準確的預估，也不需要刻意的去追尋，但是，我深信——只要我們持續不斷、積極認真的去帶領和參與「閱讀甜甜圈」共讀聊素會這個優質的活動，那種既幸福又甜蜜的感覺，一定永遠都會緊緊跟隨在我們的後面喔！

第三章

「閱讀甜甜圈」的書目建置

如同我在〈關於共讀素材的選擇〉那篇文章當中所提到的，舉凡一張海報、一部電影、一首歌曲、一朵鮮花或是路邊的一棵樹，全部都可以變成我們共讀的素材，「閱讀」的真正意涵，不應該只是侷限在「讀書」這個狹窄的框架之中而已！

不過，在這個章節裡頭，我必須針對大多數的學校以及推廣閱讀教育的團體，通常會使用到最大宗、也是最普遍的閱讀素材——「紙本的書籍」這個部分，來進行更深入的研討以及經驗的交流。

不必另外花錢的共讀書籍來源

跳脫理所當然的惡性循環

有一句俗諺是這麼說的：「金錢不是萬能，但是，沒有金錢卻是萬萬不能！」在推廣「閱讀教育」的過程中，如果學校沒有編列充裕的經費，就沒有辦法採購到優良的館藏書籍；如果學校沒有優良的館藏書籍，老師們手邊就沒有適合的教材可以選用；如果老師們沒有適合的教材可以選用，那麼，他們在指導學生「閱讀」的方式就會變得非常單調而且無趣，如此一來，各個學校在推廣「閱讀教育」方面的成效不彰、孩子們一個個也都不喜歡閱讀……，這樣子的惡性循環似乎也就變得理所當然囉！

而身處於如此困窘的條件下，老師們也可以因此找到最強而有力、足以自我安慰的推託之詞了：「唉呀！不是我們不用心，而是巧婦真的難為無米之炊啊！學校圖書館的藏書量嚴重不足，要我們怎麼去推動與『閱讀』相關的活動呢？」

想當年，在規畫「閱讀甜甜圈」共讀聊素會的時候，上述的這些狀況，確實也是我曾經面臨過的頭痛問題，然而，如同國父孫中山先生的這段名言佳句所說的：「吾心信其可行，則移山填海之難，終有成功之日；吾心信其不可行，則反掌折枝之易，亦無收效之期。」想不到，在花費了一點點的心思與時間用心彙整之後，我竟然可以不必要求學校再另外編列相關的圖書採購經費，就立即增添了許多「閱讀甜甜圈」共讀聊素會的藏書，而且有些書籍甚至還多達三、四十本的數量喔！這樣子的成果，是不是讓人覺得非常的不可思議呢？

共讀書籍的主要來源

其實，我最主要是透過以下這些不必花錢的管道來調借，以擴充我們「閱讀甜甜圈」共讀聊素會所需要的參考用書——

1.「愛的書庫」的登錄及借閱

民國九十四年四月份，由「九二一震災重建基金會」捐助成立了全國第一座「愛的書庫」。

它主要是以提供一整箱優良的圖書（裡面有三十五本相同的書籍）給想要推廣共讀的團體來借閱，希望透過大家一起閱讀相同的一本書，以及分享、討論、腦力激盪等方式，來提升國民的閱讀水準，最後達成「共讀分享，智慧循環」的理念。

因此，只要是非營利用途的團體、社會人士、學校的老師或是義工，都可以申請加入會員，並且可以上網登錄各個書箱大約三個禮拜的借閱時程，更棒的是，這一切（包括後續會有專業的物流公司，將你想要借閱的書箱直接送達以及取貨歸還的服務）都是免費的唷！

截至目前為止（民國一〇八年三月），國內已經有兩百五十四座愛的書庫，提供大約二萬多個書箱，七十萬本的圖書，如果有心帶領「閱讀甜甜圈」共讀聊素會這個活動，卻礙於手邊沒有適合的教材可以選用的師長們，就可以善加利用這個便利的管道。詳細的情形，請參閱「愛的書庫」的官方網站（http://163.22.168.15/loveopac/index.aspx）。

2. 學校出版的刊物

為了集結各班級老師辛苦教學的成果，也為了讓孩子們有機會體驗當個「小作家」的感覺，每年，我們學校都會出版一本《學生作品集》，這份刊物除了會發給每個家庭一本典藏之外，也會保留至少十本的數量，作為學校「閱讀甜甜圈」共讀聊素會的書目。

透過這本書，可以讓每一位小朋友、家長以及社區民眾，清楚看到學校所有教職員工辛苦付出的點點滴滴，也可以完整回顧學校在這一整年當中曾經舉辦過哪些活動。除

學校每年都會出版一本《學生作品集》。

此之外，我曾經採用「閱讀甜甜圈」共讀聊素會的模式，在暑假備課的時候，請各年級的老師們圍聚在一起，先翻閱這些作品集裡面各個章節的內容，然後再和同學年的夥伴們用心討論並且規畫接下來一整年的課程主題（尤其是關於「閱讀教育」和「寫作教學」的部分）。

還有好幾次，是針對代表各班參加校內作文比賽的選手們，為了讓他們對於即將參賽項目的書寫格式有所了解，也為了讓他們在去年學長姐的基礎之上有更優異的表現，我曾經把這些參加比賽的選手們集合起來，透過大家一起閱讀這本刊物當中的文章範例、仔細的分析和認真的討論，後續對於他們在參加校內作文比賽的表現，也都有立竿見影的明顯成效喔！

3.政府及民間出版的印刷品

學校的各處室經常會收到某些政府或是民間單位寄來的印刷品，有的是希望老師們可以撥空為班上的學生做特定議題的宣導，有的則是這些單位在舉辦了相關活動以後的成果報告書，只可惜，這些印刷品的內容大多都是由一些冷僻生硬的資料和數據堆砌而成，也沒有針對老師的教學或是學生的程度來精心設計，所以，它們往往不是直接被扔到資源回收箱，就是束之高閣的陳列在各處室的櫥櫃裡頭，作為日後相關訪視評鑑拍照的佐證資料。

可是，如果老師們用心篩選，有些時候，其實也可以從這些印刷品當中，挑選到一些適合當作「閱讀甜甜圈」共讀聊素會的書目喔！例如：在帶領學校暑期的「兒童文學夏令營」，以及在上五、六年級「閱讀課」的時候，我就曾經選用桃園市政府教育局每年透過徵文、出版，並配送到各個學校的《桃園市兒童文學獎優勝作品專輯》，裡面有兒歌、童詩、散文、童話、少年小說等不同類型的優秀作品，可以讓小朋友們好好的欣賞與討論。

另外，《桃園縣校園品格 100 嘉行錄》（桃園縣政府教育局編印）、《桃園好品格故事集 P.S 謝謝你》（桃園縣政府出版）、《點亮孩子的未來》（商業週刊）、《典範學習——少年生命教育教材系列》（世界宗教博物館）等書籍，也是我們在跟小朋友們進行「品格教育」的時候，非常不錯的輔助教材！

只可惜，這些單位所出版的印刷品寄送給每個學校，通常都只有屈指可數的冊數而已，如果要作為學校「閱讀甜甜圈」共讀聊素會的書目，似乎還稍嫌不足！

不過，在此我可以提供自己的因應策略給各位參考，那就是——我會親自撥打一通電話，或是以學校的名義發一份公文給負責主辦這項業務的單位（在這些印刷品的版權頁裡都會有清楚的註記），除了藉此表達對於他們出版這份印刷品的肯定之意，以及我們會在教學的現場如何運用它們的說明之外，最後，則是試著向他們探詢看看——有沒有可能再追加這份印刷品的數量給學校，作為日後進行「閱讀甜甜圈」共讀聊素會時的參考書籍。

根據以往的親身經驗，通常我都可以得到一個滿意的答覆，有些單位的業務承辦人甚至還會親切的反過來向我詢問：「那……主任，我們要寄幾本給您呢？十本夠嗎？還是要全校人手一冊呢？」

4.出版社的樣書

每隔一段時間，學校也會收到一些出版社寄來各種類型補充教材的樣書，只不過，這些樣書大多都以各班級的導師為對象，希望導師們如果覺得這些書籍的內容還不錯，後續就可以統一訂購給班上的學生閱讀及使用，因此，這些樣書都是直接被置放在各班級的信件櫃裡頭。

由於這些樣書的內容參差不齊，有的是關於字、詞、成語方面的工具書，有的是寓言、品格教育、偉人傳記的故事集錦，還有的則是以「閱讀理解」的測驗題型為主，所以，它們並不一定都會受到每一位導師的青睞。再加上，如果我們把這些書籍都散布在各班級的教室裡，後續可以發揮的效益以及影響力也會比較侷限些。因此，我曾經和各班級的導師們達成以下的協議——如果這些出版社所寄來的樣書內容還不錯，就把它們全部都變成學校圖書館可以統一借閱的藏書，比照「閱讀甜甜圈」共讀聊素會書籍借閱的方式，讓各班級的導師們可以一次借閱十本、二十本或是全班人手一冊的數量。

5.參加校外活動的贈書

除了上述的這些管道之外，我也曾經透過積極參加某些校外的活動，一方面讓學校的小朋友們可以擁有在平常課堂教學所沒有的特殊經歷，另外一方面，則是可以同時獲得這些單位的慷慨贈書，迅速擴充我們學校「閱讀甜甜圈」共讀聊素會的藏書量。

例如：我們曾經舉辦了「飛覽伊甸園，拼貼彩虹國」的活動，將全校師生的愛心募款用來援助非洲馬拉威貧苦無依的孩童，並且獲得了主辦單位回贈四十多本《黑暗大陸的遺珠閣》（普賢教育基金會）這本深入介紹非洲風土民情的優質好書；我們也曾經鼓勵小朋友們踴躍參加一項以「美好家園」為主題的徵文活動，想不到，在那次的活動結束以後，我們竟然也收到了主辦單位寄來三大箱（裡面有四百多本）的《講義》雜誌。

我們還曾與國立教育廣播電臺合作，參與他們「前進校園——中小學廣播親近計畫」的活動，當天除了把學校的視聽教室變成了一間專業的錄音室，

↑教育廣播電臺「前進校園」的活動現場實況。

↑本校曾經獲得主辦單位三大箱的贈書。

讓全校六年級的小朋友們實際體驗電臺錄製節目的完整流程之外，我們也因此獲得了教育廣播電臺只送不賣的十套珍貴有聲書。

最幸運的是，我們曾經參與康軒出版社「非故事類型文本閱讀的實驗計畫」（詳細的活動進行方式，請參閱本書第二三〇頁的內容介紹），每兩週就會準時收到出版社寄來當期的十五本雜誌，作為六年級小朋友們「閱讀甜甜圈」共讀聊素會的主要材料。

我相信，在您的生活周遭，一定也可以尋找到許多不必另外再花錢的共讀書籍來源，讓你們這些用心的「巧婦」日後在進行「閱讀甜甜圈」共讀聊素會的時候，不會再被「無米（書）之炊」的困擾所苦，而這也不禁讓我想到了這段名言佳句：「如果你真的想要做這件事情，那麼，你一定可以找到一種方法；可是，如果你不想做這件事情，那麼，你也一定可以找到千千、百百種的藉口以及推託之詞喔！」

比「預算」更重要的事情

學校圖書採購經費的來源

一般來說，各個學校每年或多或少都會有一些經費可以用來採購館藏的書籍。有的是學校編列的年度預算，有的是從家長會的會費當中所提撥出來的經費，有的是學校舉辦活動（例如：資源回收、跳蚤市場、義賣）的收入，有的是一些企業、社區民眾或是其他善心人士的捐款，還有的則像是天上掉下來的禮物一樣，突然就有一份公文夾著一筆金額，指定學校必須用它來增購校內的圖書設備。

回顧當年我調任為學校的教務主任所處理的第一份公文，就是桃園縣政府教育局為了回應教改的需求，倡導學校圖書室為社區學習的中心，特別訂定了一份名為「深耕書田、追求卓越」的專案計畫。其中，縣府教育局以「全校的學生數」為「學校藏書量」的計算基準，希望補助全縣各個國民中小學增購圖書達到每位學生十五冊以上，因此，那年我們學校一共獲得了新臺幣十二萬七仟元的經費補助。

然而，不管學校圖書採購經費的來源是什麼，我們除了必須確實遵守《政府採購法》的行政作業程序以及相關法律的規定之外，也必須審慎評估「學校圖書採購書目清單」上究竟挑選了哪些內容，如此才不會辜負了政府當初編列這些經費預算的美意，也不至於枉費那些捐款給學校的善心人士的一片好意。

尤其這些臨時性的圖書採購經費來源，大多都像一場場午後的雷陣雨一樣，通常是來得既快速又猛烈，往往讓人措手不及，如果平常對於推動學校的閱讀教育沒有任何「打算」的話，就會糊里糊塗的把這些得來不易的「預算」給消化掉了，不是照單全收的被書商牽著鼻子走，就是採購了一大堆滯銷、無法引起學生閱讀興趣的冷門書籍，這樣子的結果，實在是令人覺得非常的惋惜啊！

有計畫性的圖書採購方式

為了避免造成上述的這些缺憾，我們必須仿照《孫子兵法》當中的經典名句：「毋恃敵之不來，恃吾有以待之。」也就是說，在還沒有任何一筆經費匯入學校的帳戶以前，我們就要做好萬全的準備，除了在每個學期一剛開始的時候，召集跨處室、跨領域的好夥伴們組成「學校圖書採購小組」之外，最重要的，就是必須透過集合眾人的力量，彙整出一份「學校圖書採購書目清單」，並且將這份清單裡面的書籍按照預計採購的先後次序來排列。

如此一來，往後如果學校遇到了臨時有一筆圖書採購的經費，我們就有明確的目標及方向可以依循，即使這些書籍沒有辦法一次購足，仍然可以按照之前所排定的先後順序，逐年將它們補齊。甚至，如果學校有迫切的需要，或是老師們對於推動閱讀教育有強烈的企圖心，也可以把這份「學校圖書採購書目清單」列印成冊，作為向外界爭取支援的重要依據了。

我相信，一旦遵循了如此有計畫性的圖書採購方式，就會像《牧羊少年奇幻之旅》這本書中，老國王對即將出發尋找夢中寶藏的牧羊少年所說的這段名言佳句一樣：「當你真心渴望追求某種事物的時候，整個宇宙都會聯合起來幫助你完成。」

「『讀』家『心』聞」好書推薦單

在桃園縣政府教育局核定補助的公文當中，特別強調：「各校在增購圖書時，應兼顧普遍性及多元性之原則，透過各學習領域教師充分的討論、提列建議採購書單，並配合學校課程計畫及教學活動內容採購相關的圖書，以提升學生閱讀教育的成效。」

因此，在「學校圖書採購小組」的成員確定以後，為了廣納各界提供學校圖書採購的建議，以及試圖彙整出一份完整的「學校圖書採購書目清單」，我和教學組長聖坤老師共同設計了一張名為「『讀』家『心』聞」的好書推薦單（請參閱本書附錄2的內容），並且委由負責學校圖書館業務的幹事張先生，統籌處理後續這份書目清單的資料蒐集與彙整的工作。

在此同時，為了把「好書推薦」的這個工作與機會開放給更多人來參與，也希望藉由這些人的推薦，日後可以吸引更多人來借閱這些書籍，舉凡校內的行政人員、老師、義工以及小朋友們，都可以在學校圖書館網站的「好書推薦」平台上填寫，也可以直接把這張推薦單交給學校圖書館的幹事來彙整。

為了增進大家對參與這項活動的意願，我還特別訂定了以下的幾個獎勵措施：「如果你所推薦的書籍被選上了，那麼，在學校採買了這本書以後，你將可以成為第一個借閱這本書的人，而且我們也會在這本書的封底，註明這本書是由你所推薦給大家看的喔！」「如果你所推薦的書籍沒有被選上，但是你很認真完成了這張推薦單，那麼，它將被保留成為一張摸彩單，你將有機會參加圖書館公開舉辦的抽獎活動。」

值得一提的是，透過這張制式表格的填寫，可以彌補過去我們在進行「好書推薦」的活動時，所蒐集到的資料往往是殘缺不全的遺憾，因為如果沒有把這些書籍的「作者」、「定價」、「出版社」等基本資料註記清楚，就會造成日後相關人員在彙整這份圖書採購清單時的困擾，甚至是找到了某一本書，卻發生找錯出版社的情形。

另外，針對學校的老師，我們除了邀請他們提供推薦給小朋友們閱讀的書單之外，也請他們試著列出一些適合老師們閱讀的專業成長用書，作為學校後續圖書採購時的參考。

實施的結果以及因應的措施

儘管我們嘔心瀝血的規畫了如此詳盡而且看似面面俱到的好書推薦方式，但是，在實際執行的時候，卻有著事與願違的結果——

首先，是這張「『讀』家『心』聞」好書推薦單的回收情形（尤其是針對「老師」的部分），並不是十分的踴躍！

事後，我歸納最主要的原因，就是因為老師們平常都沒有做好這方面的「打算」（也就是沒有養成將曾經閱讀過的好書隨手記錄下來的習慣），因此，在短時間之內，也就沒有辦法提供合適的書目清單以及相關的採購建議囉！

為了改善這種狀況，我先在學校的雲端硬碟裡開設了一個取名為「好書推薦」的資料夾，然後開始鼓勵校內的教職同仁們要養成彙整書單的好習慣，往後只要有相關的檔案就直接存放到這個資料夾裡面。另外，在學校圖書館的櫃臺區，我們也預留了一層抽屜，用來專門蒐集各個出版社所寄來關於新書出版的最新資訊，以便讓大家日後在彙整學校採購書單的時候，有書面的資料可以閱讀及參考。

第二，是關於小朋友們填寫「『讀』家『心』聞」好書推薦單的問題。

儘管在「『讀』家『心』聞」好書推薦的活動一推出以後，就立即獲得全校許多班級和小朋友們的熱烈參與，學校圖書館的幹事在短短幾天之內就收到了一大疊厚厚的好書推薦單，但是，從這些好書推薦單當中，我們也發現了一些小瑕疵。

那就是——有的老師把這張「『讀』家『心』聞」好書推薦單影印，直接變成了小朋友們的一項回家作業，在此同時，或許沒有給予適時的指導說明，所以，許多小朋友就把它當成是一般的「閱讀心得記錄單」來填寫，至於他們是不是曾經看過這本書的完整內容？這本書真的是他們所喜愛的嗎？或是其實這只是代表他們剛剛從圖書館借到的一本書籍而已？那我們也就不得而知了！

再加上，在這一大疊的好書推薦單中，有絕大部分的書籍都是我們這些圖書採購小組的成員們不曾翻閱過的內容，難道從這些小朋友所撰寫短短幾行推薦的理由，我們就要完全聽信了，然後把它們全部列入學校圖書採購的書目清單當中了嗎？

後來，經過學校圖書採購小組開會討論解決之道，最後決議先以「增列新書」為優先考慮，如果小朋友們所推薦的書籍是學校圖書館現有的藏書，就不再列入圖書採購的書目清單當中（除非有特殊的理由，例如：學校現有的這本藏書已經破舊不堪了，或是這本書是小朋友們平常大排長龍想借但是卻都借不到的，那就另當別論）。一旦被推薦的新書列入了「學校圖書採購書目清單」當中，由於它們都是集合眾人心血結晶的成果，也為了避免日後萬一單本遺失或是破損了沒得替換，所以，同樣一本書我們都是以購買三冊的方式進行（以同一個年級每班一本的數量來估算），如果是「配合學校活動及各項領域的教學內容」（本書下一個章節）所提到的情形，我們則會一次購買十冊，以便於學校「閱讀甜甜圈」共讀聊素會的運作。

第三，是與「『讀』家『心』聞」好書推薦單上的「價格」欄位有關。

當我們把大家所推薦的好書，依序一本又一本的打上書名、作者、出版社、價格以及推薦人的姓名等資料以後，原本我以為就可以把這份書單的內容，讓總務處當成是公開上網採購的依據，然後再從眾多的書商當中，評選出由底價最低的那家順利得標。

但是，這樣子的方式，讓那些已經來學校領標的書商，陸續跟我們反應他們所遇到的狀況——原來，在所彙整的這份書單當中，有的出版社已經倒閉了；有些書已經絕版、不再印製了；有的書則是某家出版社套書當中的其中一本，不可以拆開來單獨只買某一本……，以上的這些問題，都會造成他們在估價時的落差與困擾。

因此，總務處立即宣告那次上網公告的標案內容流標，隨即我們就請已經來領標的書商，幫忙檢視在這份書單當中有哪些部分出現了上列的問題，並請他們將這些有問題的書籍一本本的標記出來。

另外，在這張「『讀』家『心』聞」好書推薦單當中，原本所標示的欄位名稱是這本書的「價格」，但是，這樣子很容易讓大家所填寫出來的資料猶如多頭馬車一般，有的是以「批發價」為主，有的又是某個網站的「折扣價」，如此也就會造成後續書商在比價時的誤差；甚至這個欄位裡面的數據，攸關著我們所開列的這份書單的書籍總數量以及總金額，是不是已經超出這次圖書採購的經費預算了呢？

因此，後來我們就把推薦單上面的這個欄位，全都改以這本書的「定價」為主，如此也就不會造成後續相關作業上的缺失與困擾囉！（之後，我發現——其實有些書商根本不信任學校所填寫在這個欄位上面的數據，他們只會要求學校把「書名」和「出版社」的資料填寫清楚，其他的部分就交給他們透過自己公司的作業管道去搜尋即可。）

決心比「預算」更重要

擔任行政職務多年的我，深知學校各部門的經費非常有限，但是，這一切都還不至於淪落到窮困潦倒的地步，因此，在推展閱讀教育的時候，我所在意以及擔心的，其實並不是各個學校有沒有「預算」的問題，而是——大家對於這件事情，到底有沒有什麼特別的「打算」呢？

如同前一個章節所說的，學校無預算，那是否有無預算的因應策略？或者學校所有成員們對於推廣閱讀教育的「企圖心」到底有多強烈？「決心」到底有多堅定？我覺得，這才是比「預算」更重要的事情啊！

共讀書單的篩選方式

除了透過學校圖書館網站「好書推薦」的平台，以及「『讀』家『心』聞」好書推薦單的方式，來彙整以及增購學校圖書館的藏書之外，我們也會參考以下這些管道的建議書單，尤其是作為「閱讀甜甜圈」共讀聊素會的參考用書，大部分都是運用這樣子的方式篩選出來的唷！

配合學校活動及各領域的教學內容

由於「學校所舉辦的各項活動」以及「各個領域任課教師的教學內容」，是學校教育最重要的兩大主軸，為了讓我們所規畫的每一個深耕閱讀方案，都盡可能與這兩大主軸緊密的結合在一起，而不再讓人誤以為它們只是一個個另起爐灶、與課程完全不相干的額外負擔，因此，只要是學校的相關人員（包括行政同仁、班級導師、科任教師，甚至是各班級的義工爸媽們），提出他們打算採購任何與「學校活動」或是「課堂教學」有關的書籍，我們就會優先列入學校圖書採購的書目清單當中，讓小朋友們後續有機會接觸到教科書以外的學習範疇。

除此之外，我也曾經和學校「語文領域」的成員們化被動為主動，把全校各年級上下學期語文領域的教科書和教學指引攤展開來，透過逐一檢視每一篇課文的內容，以及教科書編輯委員所開列延伸閱讀的建議書單，如果是節錄或是改編自某一本書（例如：三下第十一課〈飛行員與小王子〉、四下第九課〈快樂王子〉、六上第九課〈草船借箭〉、六下第四課〈愛的教育〉），我們就會把這些書籍的原著一次購買十冊，讓小朋友們可以窺探這篇課文最原始、最完整的風貌。

在此同時，我們也認真分析了每個年級「主題單元」的不同屬性，並且試著找尋相關的書籍來作搭配，例如：在低年級的部分，有圖文並茂的繪本及兒童詩的欣賞，所以我們挑選了《童詩開門》、《一個詩人的祕密》和《童詩嘉年華》

等書；中年級有關於「圖象詩」及童話故事的介紹，所以我們挑選了《文字森林海》、《小白鴿》和《夏綠蒂的網》等書；五年級上學期的第八課是關於「伊索寓言」的介紹，六年級下學期第三課是〈狐假虎威〉的寓言故事，所以我們採買了《寓言：古人的智慧》這本書；六年級有一些散文、小說以及中國經典的歷史故事，所以我們選擇了《桂花雨》、《三國演義》、《西遊記》、《封神榜》等書籍作為補充教材。

當我們把「語文領域」各個年級的每一篇課文都仔仔細細的檢視過，同時也從中篩選出適合作為學校「閱讀甜甜圈」共讀聊素會的參考書單後，接下來，在學校「課程發展委員會」的討論議案當中，我拜託其他領域的召集人以及各處室的行政同仁們比照辦理，看看「各個領域的教學重點」或是「學校所舉辦的相關活動」，是否也有可以用來幫助學生進行深度學習的書目清單呢？

透過這樣的方式，老師們陸陸續續提出了一些圖書採購的建議書單，例如：低年級的教學群希望以「小小兵有品德」這一系列的橋梁書，來帶領小朋友們進行「品格教育」主題的學習；為了加強「生命教育」以及「性別平等」主題的宣導，訓育組長希望採購《3499個愛：抗癌小詩人周大觀的故事》、《用左手走路的孩子》和《威廉的洋娃娃》等書；配合「科學教育」的推廣，自然領域的任課老師們推薦《親子一百科學遊戲》、《電學之父——法拉第的故事》等書；為了落實學校的閱讀教育，教學組長所提出來的是《晨讀十分鐘》、《閱讀心得寫作王》、《讀報教育指南》等工具書。

「好書大家讀」年度推薦的書單

為了鼓勵優良少年兒童讀物的出版與寫作、提供圖書出版新資訊、建立優良少年兒童圖書評鑑制度，並且為家庭、學校、社會搭建一座相互溝通的讀書橋梁，民國八十年由民生報與中華民國兒童文學學會，共同創辦了「好書大家讀」優良少年兒童讀物的評選活動。

這個「好書大家讀」的活動，不僅廣邀各家出版社提供最近剛出爐的新書來參加評選，而且是由各個領域的專家學者們擔任評選委員（分成故事文學組、非故事文學組、知識性讀物組、圖畫書及幼兒讀物組），透過逐步篩選、精益求精的方式，期盼可以挑選出「好書中的好書」，因此，這些被推薦出來的好書清單，不只可以讓我們清楚掌握目前國內最新、最優質的出版資訊，而且它涵蓋了各個領域，不會讓我們在挑選館藏書籍的時候，有任何「閱讀偏食」的情形發生。

所以，每當學校要進行圖書採購的時候，「好書大家讀」歷屆推薦的書單（可透過搜尋關鍵字的方式找到），也就成為我們最重要的參考依據了。值得一提的是，我們都是優先採購最近那一屆剛出爐的得獎好書，等到未來如果還有多餘的經費補助，再依照經費的多寡，慢慢往前幾屆的好書清單回溯。在如此有順序性、有計畫性的圖書採購之後，我們可以非常自豪的說：「最近市面上剛出版的各種優質得獎好書，在我們學校的圖書館裡面，都已經盡可能完整的收藏了唷！」

本校駐校作家的相關作品集

透過檢視教科書的內容，如果某一篇課文是與哪一位作家有關（例如：六上第十課〈最後一片葉子〉，是「短篇小說之王」歐亨利的作品；六下第十二課〈阿公的八角風箏〉，是馮輝岳主任的創作），我們就會把這些作家的相關作品集，列為學校「閱讀甜甜圈」共讀聊素會的藏書之一。

另外，由於我們學校的地理位置屬於偏鄉，但是，為了讓那些平常只出現在教科書或是報章雜誌裡面的知名作家，也可以親自到學校來為小朋友傳授他們在創作時的寶貴經驗，每個學期，我們都會舉辦「與作家有約」的活動。

為了讓這個活動更有品質，不僅會讓小朋友們在作家蒞臨學校之前，先閱讀過這位駐校作家的相關作品集，以便在進行互動交流的時候，能提出比較有深度的對話內容；還會在每個學期開始之前，請各學年的老師提出準備邀請駐校作家的名單，然後我們盡可能先把這位作家的相關著作都採購齊全。

隨著駐校作家蒞臨學校的時間逐漸逼近，全校親師生的閱讀風氣也與時俱增。而那些在閱讀方面表現優異的小朋友們，除了可以優先借閱學校所採購這位駐校作家的新書之外，活動當天，他們還可以拿著這本新書邀請作家簽名或是拍照留念喔！

各縣市及學校深耕閱讀的書單

透過網路搜尋的方式，我們可以清楚發現——有愈來愈多的學校在推廣閱讀教育的時候，都是採用「班級共讀」的方式來進行；有些縣市政府的教育局，也會開列出一些「深耕閱讀」的建議書單；或是有些縣市政府的文化局，則仿效美國西雅圖公共圖書館舉辦「一書一城」的活動，透過共同選定一本書籍，讓全城的民眾一起閱讀、一起創造全民共同的話題……。

以上這些單位所彙整出來的書目清單，也是我們學校在採購館藏書籍時的重要參考來源。只不過，這些書目清單就好像是穿在別人腳上的鞋子一樣，我們只能遠遠的欣賞，可千萬不能照單全收了唷！畢竟，這些單位當初在採購這些書籍的時候，一定有其特殊的背景、原因以及企圖心。不過，我們可以依樣畫葫蘆，試著靜下心來思考看看：「在我們學校，究竟可以規畫什麼樣深度閱讀的活動？」「如果要為學校各年級的學生挑選適合共讀的優質好書，我們到底可以怎麼進行呢？」

書箱的借用與管理

獨立的空間與專櫃的設置

隨著學校共讀書籍的逐漸擴充，為了後續在借閱以及管理上更方便，利用暑假期間，我和總務處的同仁們一起把圖書館旁邊的空教室重新整理，讓它宛如成為我們學校圖書館的「分館」，裡面專門擺放「閱讀甜甜圈」共讀聊素會的所有藏書。

一般來說，有些學校會把共讀的書籍採用「開架」的方式陳列，以方便讀者可以輕易翻閱書中的內容。

有些學校則是把這些共讀的書籍直接裝在塑膠箱裡堆疊起來，一方面可以節

←開架的陳列方式。

↓把共讀的書籍直接裝在書箱內。

省空間、避免這些書籍沾染了灰塵，另一方面，則是便於後續在借閱的時候，可以直接把這些書箱抬走就好了。

製作一份一覽無遺的書目清單

根據這些年來我的經驗，學校共讀的書籍是要採用「開架」，還是「裝箱」的方式整理，並沒有「哪一種比較好？哪一種比較差？」的分別，只要負責管理學校圖書館的幹事、老師或是義工們覺得很順手、很便利，那就是最好的選擇囉！

只不過，在此同時，如果可以把學校圖書館目前「閱讀甜甜圈」共讀聊素會的所有參考用書，按照不同的「類別」及「屬性」彙整成一份書目清單，讓有興趣借閱的讀者們可以一目了然、一覽無遺，那就更棒了唷！而且，最好是在每個學期備課或是開學的時候，就把這份書目清單的紙本以及電子檔資料一併寄送給全校的各個教職同仁們，讓他們可以在新的學期、在最適宜的時機，妥善運用學校在這方面多元而且豐富的教材內容。

甚至，可以在網路上建置一個申請的平台，當學校的教職同仁、義工們想要借「閱讀甜甜圈」書目清單裡的某一本書時，他們只要在這個頁面上填寫簡單的幾個基本資料，後續就可以委由學校圖書館的義工將這箱共讀的書籍直接送到借閱的班級使用了。

曾經，也有學校的老師跟我反應：「主任，這張書目清單，雖然可以讓我們一覽無遺的知道學校『閱讀甜甜圈』裡面的藏書項目，但是，我們卻無法只從這些書名、作者等有限的資料，清楚了解這本書的內容（包括文字量、用字遣詞的難易度等），究竟適不適合我們班上小朋友們的程度呢？」

當然啦！我們不可能（也不好意思）麻煩這些認真的老師們，請他們自行到圖書館的書庫區，蹲在牆角邊，一箱箱、一本本的去挑選吧？後來，我想到了一個結合共讀書籍「開架」與「裝箱」的折衷好辦法，那就是——我們除了會把所有已經裝箱的共讀書籍，用這份書目清單來呈現之外，也會把學校所有「閱讀甜甜圈」的藏書分別挑選一本出來當作「樣書」，集中陳列在圖書館行政櫃臺後方的開放式書架上，以方便大家可以進一步翻閱每一本書籍的完整內容。

共讀書籍的編目以及借閱方式

為了和學校圖書館一般的書籍作明顯的區隔，我們在所有「閱讀甜甜圈」共讀書籍的封面，都貼上了一個黃色的小標籤，上面寫著：「此書僅供團體借閱使用」。

在平常的時間，由於要達成這些共讀書籍原本採購以及設置的目的，所以，我們只提供給全校的教職同仁以及各班級的義工們，可以一次就把這一整箱共讀的書籍借出去使用。另外，為了鼓勵那些愛看書的小朋友，讓他們可以由下而上的帶動學校共讀的風氣，如果他們對於某一本共讀的書籍有興趣，這些小朋友可以自行邀約十個人，只要有某位師長願意為他們簽名確認，他們一樣也可以將這一整箱的書籍借出去喔！

等到學校放寒、暑假的時候，我除了會拜託各年級的導師，適時將這些「閱讀甜甜圈」共讀的書籍列為小朋友們必須完成閱讀的寒暑假作業之外，也會請負責管理學校圖書館業務的幹事，將這些「閱讀甜甜圈」共讀的書籍全部都集中到學校圖書館的行政櫃臺區附近，並把這些共讀書籍的借閱權限開放，使每一位小朋友都可以用個人的名義、一次只借閱一本的方式借出，讓這一本本適合共讀的優質好書（尤其是那些比較厚、文字量比較多的書籍），可以陪伴小朋友們度過每一個漫長的假期。

書箱的借用以及管理的方式

為了避免小朋友們借出去的書籍，日後發生了破掉、汙損或是遺失不見的情形，所以，我設計了一張「『閱讀甜甜圈』書籍借閱清單」的制式化表格（請參閱附錄3的內容），附在每一個書箱當中，並且交給每個負責借閱的教職同仁或是義工爸媽們依照以下的方式來填寫。

首先，打開「閱讀甜甜圈」共讀的書箱，在清點完書箱內的書本數量沒有問題，並且確認每一本書都沒有重大的瑕疵以後，負責借閱的師長就可以在這張清單的上半部，填寫「借閱的書籍名稱」、「負責人姓名」以及「借閱的日期」等基本資料。

然後，在把書籍發下去之前，每個負責的師長一定要叮嚀小朋友們必須確實遵守以下的注意事項：

❶請愛惜所借閱的書籍並且妥善保管，避免日後發生撕破、汙損或是遺失不見的情形。

❷在借閱或是歸還的時候，一定要先檢查這本書是不是已經有破掉或是汙損的狀況。

❸如果小朋友將書籍破壞或是遺失不見了，就必須按照這本書的原價賠償。

最後，再請小朋友們按照座號的先後順序到臺前來領書。小朋友們所領到的書，是依照書背上面的編號次序（例如：「C.5」，就表示是「編號五號」的那

1	編號	書名	作者	出版社	類別	定價	數量	屬性	內容簡介
2	201	大姊姊和小妹妹	夏洛特・佐羅托	遠流	繪本	260	10	家族之情	姐妹相處之道
3	202	我的媽媽真麻煩	芭蓓蒂・柯爾	遠流	繪本	250	10	家族之情	接納不一樣的家庭，單親媽媽
4	203	愛你本來的樣子	陸可鐸	道聲	繪本	200	10	品格教育	做你自己
5	204	最炫的巨人	唐娜森	格林	繪本	250	10	品格教育	樂於分享，幫助別人
6	205	紙戲人	艾倫・賽伊	和英	繪本	260	10	多元社會	藝術表演的職業
7	206	麥得斯國王	凱瑟琳・史陀	鹿橋	繪本	250	10	品格教育	闡述什麼是比黃金還要重要的東西
8	207	快樂王子	王爾德	和英	繪本	250	10	品格教育	分享的概念
9	208	拼被人送的禮	傑夫・布蘭波	青林	繪本	360	10	品格教育	分享的概念
10	209	最重要的事	伊芙・邦婷	道聲	繪本	240	10	品格教育	誠實的重要，園藝
11	210	敵人派	德瑞克・莫森	道聲	繪本	220	10	同儕相處	如何與同儕和睦相處
12	211	潔西卡和大野狼	泰德・洛比	遠流	繪本	220	10	情緒教育	面對恐懼
13	212	六十根綠色的蠟燭	張秋生	小魯	繪本	190	10	環境教育	生日紀念禮物，閱讀大自然
14	213	我有友情要出租	方素珍	上提	繪本	250	10	同儕相處	友誼的概念
15	214	巴警官與狗利亞	佩姬・拉曼	格林	繪本	260	10	同儕相處	友誼的概念

閱讀甜甜圈」書目清單的範例

一本），然後借閱人就必須在「書籍編號」（第五號）那一欄，填上自己的「班級」以及「借閱人姓名」，如此就完成了這本書的借閱程序囉！（這項借還書的工作，可以找班上一到兩位熱心的小義工來幫忙處理）

等到「閱讀甜甜圈」共讀聊素會的活動結束以後，小朋友們一樣依序排隊，讓師長或是小義工檢查自己所借的那本書是不是有破掉、汙損或是遺失不見的情形。如果沒有問題的話，就可以在這張表格右半邊的欄位，把「還書的日期」直接填寫上去，也就迅速完成這本書的歸還手續囉！

將書目清單張貼在圖書館外的公布欄上

透過這張「『閱讀甜甜圈』書籍借閱清單」，我們不僅可以清楚知道哪一位小朋友的書還沒有還？如果有哪一本書被破壞或是遺失不見了，也可以立即找到應該要為這件事情負責的小朋友，以避免後續衍生許多不必要的困擾。

我相信，只要大家在查詢「閱讀甜甜圈」書目清單上面的書籍很容易，借閱共讀書箱的手續也很便利，全校的教職員工以及義工們在使用上的意願也就會比較高昂，理所當然的，後續大家在推動「閱讀甜甜圈」共讀聊素會的頻率與成效，當然也就會跟著變好囉！

第四章

「閱讀甜甜圈」的聊素頻道

在這個章節裡頭，您將接觸到許多這輩子第一次見到的陌生名詞：像是「禮貌三明治」、「膽量麥克風」、「聊素頻道」、「閱讀觀景窗」、「聊素記錄表」等。

請您先別急著去翻閱各種類型的工具書，也不用上網去向「谷歌大師」（Google）求救，因為……它們都是嘉紋主任在帶領「閱讀甜甜圈」共讀聊素會的時候，所自行研發及獨創的名稱。

請您一起來好好的感受一下——它們既有趣又貼切、既實用又有效的迷人魅力吧！

先來一塊美味的「禮貌三明治」

背景的介紹以及使用的時機

記得有一次，學校邀請鄰近的消防分隊來跟小朋友們做「防溺」的宣導。在活動結束前五分鐘，負責主講的大哥哥把現場開放給所有人來提問。

只見小朋友們一個個把麥克風接了過去，各種千奇百怪的問題紛紛出籠：「你有遇過什麼樣可怕的溺水事件嗎？」「當初你怎麼會想當消防隊員呢？」「消防隊員一個月的薪水有多少？」……。當時，在臺下的我如坐針氈，然而，並不是我認為小朋友們發自內心、天真直白的問題不太妥當，而是我發現如此提問的方式太「開腸剖肚」了些，不僅讓人聽起來覺得很刺耳、很不舒服，這其中似乎也少了那麼一點點的「禮貌」與「尊重」。

後來，令我倍感驚訝的是，我發現在許多的公開場合（例如：演講、課堂上、有獎徵答、宣導活動等），只要有機會讓小朋友發表自己的想法和意見的時候，他們就會不自覺的犯下這樣的錯誤。在此同時，我也深自檢討——這不怪他們啦！因為或許從來就不曾有人在一旁適時的提醒，也不曾有人為他們完整介紹「應該要怎麼做」的正確方法呀！

於是，我用心設計了一個名為「禮貌三明治」的有趣課程，只要我們把要跟別人分享的內容像早餐吃的三明治一樣，分成「上層的土司麵包」（開場白）、「內餡」（主要分享的內容）和「下層的土司麵包」（結尾）三個部分，不僅可以讓人對你井然有序、有條有理的分享內容留下深刻的印象，而且，大家對於你有禮貌、從容不迫的說話態度，也會有大大加分的效果喔！

上層的土司麵包（開場白）

在寫作文章、和別人聊天或是對臺下的觀眾朋友們演講的時候，一開始，我們所撰寫（或是講述）的那一大段內容，就叫作「開場白」。

在教學的現場，我常常看到許多小朋友也許是因為緊張，或是不知道要如何完整表達內心的想法而詞窮，因而在一「開場」的時候，就腦筋一片空「白」、整個人傻楞楞的，形成「開場白」另外一種搞笑版的解釋。

為了避免類似的情形發生，我把在「開場白」所應該要具備的內容，以簡單的「三大任務」來條列說明，更為了加深小朋友們的印象，我甚至把這三大任務按照「您」、「我」、「它」的人稱代名詞順序來排列。

（第一個任務）您：要有禮貌的跟大家問好。

俗話說：「禮多人不怪。」（只要我們的態度真誠、對其他人多一點禮貌，即使我們做得不夠好，別人也不會隨便亂怪罪的。）因此，我告訴小朋友們：「不管你們想要分享的內容是什麼，一開場，一定要先跟臺下的觀眾很有禮貌的問好，為自己的一開口就贏得別人很棒的印象分數。」

這就是我所謂「您」的部分，也是之前為什麼我會覺得小朋友們在公開場合的發表很刺耳、很不恰當，因為……他們總是缺少了這個部分的內容安排啊！

（第二個任務）我：簡單的自我介紹。

在某些場合，由於臺下的觀眾不一定知道目前站在臺上拿著麥克風講話的那個人究竟是誰？因此心中難免會產生不耐煩的情緒，如果可以透過一個簡單的自我介紹，立即解答臺下觀眾心中的疑惑，這不僅必要，而且也是一種有禮貌的行為。

只要現場有一位陌生的新成員，我們就必須進行「自我介紹」的這個程序，當然啦！如果在場的各個成員之間都已經相當熟識了，這個「自我介紹」的安排就可以省略不做，否則會讓人有一種畫蛇添足的奇怪感覺。

而這就是我在「開場白」裡面，所謂「我」的部分。

（第三個任務）它：報告你現在要做什麼事情？

每個人開口對臺下的觀眾說話，總會有他想要傳達的重點與目的，如果在一開場的時候能夠把「它」交待清楚，就可以讓觀眾不至於毫無頭緒，也可以更聚焦在接下來你想要分享的內容上面了。

這樣子的方式，就好像我們每次在參加某些典禮的開場，大會司儀總是會把這個活動的主題名稱字正腔圓的播唸一遍，如果用專業的術語來稱呼這個舉動叫作「報幕」，但就我而言，則喜歡將它改稱為「報目」，也就是把你現在做這件事情的「目」的，清楚而且簡短的跟別人「報」告的意思。

而這個「報目」的內容，就是我所謂「它」的部分。

回溯到那一場「防溺」宣導的場合，在提出我想要問的問題之前，我會先加上這樣子的「開場白」：「消防隊的大哥哥以及在場的所有老師和小朋友們，大家早安！（有禮貌的問好）我是○年○班的○○○，（簡單的自我介紹）感謝大哥哥今天撥空到我們學校來為我們演講，讓我們對於『防止溺水』這個主題有更清楚的了解。（提出自己真誠的感謝）在聽完大哥哥的介紹以後，我有一個疑問想要提出來，再請大哥哥為我解答……。（報目）」

如果以平常我參加「閱讀甜甜圈」共讀聊素會的「開場白」為例（尤其是我第一次發言、現場又有一些剛加入的新成員的時候），通常我都是這樣子說的：「各位親愛的好夥伴們，大家午安！（有禮貌的問好）我是○○國小教務處的呂嘉紋主任，（自我介紹）今天我很高興、也很榮幸能夠來參加這場『閱讀甜甜圈』共讀聊素會的聚會，期盼我們都可以擁有豐富而且美好的收穫。（報目）」

我深信，在如此有條不紊、不慌不忙、依序完成了「您」、「我」、「它」的三大任務以後，小朋友們不僅可以輕易完成所有導覽、寫作、演講或是聊天時「開場白」的內容，後續也可以更有自信的和別人分享你的想法和意見了唷！

中間的美味餡料（主要分享的內容）

如同一塊三明治到底美不美味？可不可口？中間的餡料扮演著舉足輕重的角色。

一般來說，在「閱讀甜甜圈」共讀聊素會的活動進行過程中，每位成員所分享或是討論的「餡料」，就像大多數的三明治總是夾藏著「蔬菜」與「肉片」的道理一樣，主要包含了下列兩個重要的成分在裡面——

1.「敘述」的成分

不管是在閱讀完一則剪報、一篇故事或是一段影片的內容後，每一位參與「閱讀甜甜圈」共讀聊素會的成員都必須具備將這些素材的重點重新倒帶、再敘述一遍的能力。

簡單來說，就是要把這些素材裡面的幾個重要元素完整且清楚的交代，其中，最主要就是要回答以下的這兩個問題——

❶**是什麼？**（時間：哪個時候？／地點：在哪裡？／主要角色：有誰？還有誰？）

❷**怎麼了？**（問題：這些角色遇到了什麼樣麻煩的事情？／過程：這件事情一開始怎麼樣？後來怎麼樣？事情有什麼轉折嗎？最後怎麼樣了呢？）

如果以〈揠苗助長〉這個成語故事為例，我們可以將它做如下的敘述：「很久很久以前（時間），在一個偏僻的鄉村（地點），有一位老農夫（主要角色），他每天到田裡辛苦的工作，卻發現每一株秧苗都長得好慢喔！（問題）有一天，他突然想到了一個好辦法……（過程一）；後來，他到田裡把每一株秧苗都拔高一些……（過程二）；結果，隔天他到田裡一看……（過程三）。

2.「評論」的成分

在敘述完這些素材的重點內容後，每位成員的心中應該會潛藏著一些喜、怒、哀、樂的情緒，或是會有一些是、非、對、錯的批判意見油然而生，透過「閱讀甜甜圈」共讀聊素會這個相互溝通、討論與交流的管道，不僅可以達到集思廣益、腦力激盪、「三個臭皮匠勝過一個諸葛亮」的具體成效，也可以避免自己落入管窺之見、自怨自艾的情緒泥沼之中而不自知喔！

至於我們可以如何提升和豐富自己「評論」的能力呢？敬請參閱本書〈打開您的『聊素四頻道』〉的內容介紹。

下層的土司麵包（結尾）

如果要讓人留下既深刻又美好的印象，在「閱讀甜甜圈」共讀聊素會分享完自己的想法和意見以後，我要所有參與的夥伴們可千萬不要急著立刻結束自己的發言內容，而是要再加上一個像是下層土司麵包的完美結尾。

它包含了以下的三個重點——

1. 感謝：要適時表達你內心對於這個團體或是其他夥伴的感謝之意。

2. 讚美：要真誠說出你對於這個團體或是其他夥伴的讚美之詞。

3. 期盼：在聆聽完你的分享內容以後，最後，請提出你對於這個團體或是其他夥伴的最終期盼。

如果是我的話，我會再加上這樣子的結尾：「感謝大家這麼專心又有耐心的聆聽我所分享的內容（**感謝**），您們是我見過最有水準的觀眾，也是我最敬愛的共學好夥伴（**讚美**），期盼接下來我還有機會可以跟各位一起參與『閱讀甜甜圈』共讀聊素會的活動，讓閱讀不再只是一個人孤獨的旅行，而是一群人對於這個美麗世界的深度探尋……（**期盼**）。」

在參與或是帶領「閱讀甜甜圈」共讀聊素會的時候，我們都必須先「品嘗」一塊美味的「禮貌三明治」，因為這裡面的要求與期待，也是所有參與的成員們在和別人聊天、發表自己的想法和意見的同時，都必須確實遵守的遊戲規則喔！

再來測一測你的「膽量麥克風」

關鍵的三十秒

在指導小朋友們參加國語文競賽「演講」項目的時候，我常常會跟他們分享我的一些親身經驗：「當我們站在臺前，準備要開始演講的那三十秒鐘，其實是最可怕的！因為那個時候整個會場都是安靜無聲，而且全部人的眼睛都緊盯著你看，在這樣子的情況下，就會讓你有一種呼吸急促、心跳加速、彷彿就快要窒息的感覺。然後，當我們開始張開嘴巴說話的時候，往往也會被自己的聲音以及說話的方式給嚇到了，因為平常我們很少有機會在大庭廣眾發表自己的想法，也不習慣單獨只聽到自己說話的聲音，所以，如果沒有辦法讓自己好好站穩這『關鍵的三十秒』，接下來，非常有可能會愈來愈緊張、愈來愈不知所措，到最後只能以荒腔走板的尷尬局面收場了。」

在參加「閱讀甜甜圈」共讀聊素會的時候，我們不可能永遠只是在一旁充當沉默不語的觀眾而已，我們也必須和參加演講比賽一樣，要在大家的面前完整敘述這些素材的內容，並且真心發表自己的想法和評論的意見。因此，如何在每一次發言的時候，都可以讓自己好好站穩這「關鍵的三十秒」，也是我們必須要認真學習的一門功課喔！

「膽量麥克風」的有趣名稱

至於應該要怎麼做，才可以讓自己好好站穩這「關鍵的三十秒」呢？我告訴小朋友們：「我們可以透過在活動前的充分準備、調整好自己的呼吸節奏、轉移自己的壓力與注意力、給自己多一點正面積極鼓勵的話語，甚至可以藉由『膽量麥克風』的測試與訓練等方式，來達成這個重要的目標。」

我相信，這個時候一定有人會好奇的向我詢問：「主任，什麼叫作『膽量麥克風』？它到底要怎麼樣測試與訓練呢？」

呵呵！其實這個「膽量麥克風」的名稱，是我自己獨創的。我之所以會有這樣子的靈感，主要是源自於在某些大型活動要開始之前，常常會看到（或是聽到）工作人員為了測試音響設備的品質，在打開麥克風的開關以後，就會一邊不斷重複「1、2、3，麥克風測試」「1、2、3，麥克風測試」的臺詞，一邊微調整個機器設備的音量大小聲。

有了這樣子的背景經驗，後續不管我在指導大人或是小朋友們關於「要如何在公開場合侃侃而談」的主題時，我都會引用「膽量麥克風」這個有趣的名稱來加深他們的印象，因為我深深覺得——其實，我們可以把每次在公開場合演講、發表意見那一開始的短暫片刻，假想自己和那些工作人員一樣，正拿著一支有形或是無形的麥克風在做測試的工作，只不過，我們所測試的不只是自己說話時的「音量」，也要讓耳朵開始慢慢適應自己在大庭廣眾講話時聲音的「模樣」，更重要的是，我們還要透過嘴巴所傳遞出來的這些隻字片語，逐漸訓練自己可以在大家的面前暢所欲言的「膽量」。

「膽量麥克風」的基本測試

在「品嘗」完豐富而且美味的「禮貌三明治」以後，我相信大家已經可以很清楚知道要如何有條不紊跟其他人分享自己的想法和意見了吧！因為那不僅是我們「膽量麥克風」所要逐字逐句播報的內容，也是幫助我們可以用更從容的態度來站穩這「關鍵三十秒」的重要祕笈啊！

在主持「閱讀甜甜圈」共讀聊素會的時候，我會請所有的夥伴先不要忙著把書本打開來，也不必急著立刻開啟各個「聊素的頻道」（請參閱本書下一個章節的內容介紹），而是會先請他們在「禮貌三明治」的「自我介紹」程序結束以後，直接打開自己的「膽量麥克風」，想說什麼，就說什麼。

曾經，就有小朋友頑皮的問我：「主任，那我可以唱一首歌嗎？」我點點頭，說：「當然可以！你想要唱歌、講笑話、給大家猜個謎語或是大叫一聲，都可以！」畢竟，我們這個時候進行「膽量麥克風」測試的目的，是為了要活絡現場一開始安靜、凝結的氣氛，也為了快速拉攏大家冷漠、疏離的關係呀！

除此之外，我也會安排一些與大家親身經歷有關的暖場小問題，來當作每一場「閱讀甜甜圈」共讀聊素會一開始「膽量麥克風」的播報內容。這些小問題不僅可以讓所有的夥伴直接簡單扼要的回應，而且大家也可以在如此輕鬆有趣的情況下，好好的站穩這「關鍵的三十秒」。

「暖場小問題」的參考範例

1. 這本書或是這個素材你看完了嗎？從頭到尾，你大約花多久的時間看完它呢？
2. 你都是利用哪一段時間或是都在哪個地點，閱讀這本書或是這個素材的內容呢？
3. （偷偷的問）這本書或是這個素材，有誰還沒有看完？你為什麼沒有辦法看完它呢？（請誠實的回答）
4. 當初你怎麼會想要參加這一場次的「閱讀甜甜圈」共讀聊素會呢？是因為這本書或是這個素材的關係嗎？或是同學的邀約？還是有其他的原因呢？
5. 請你用一個字或是一句話，來代表你看完這本書或是這個素材之後的心情與感受？

6. 如果0是最低分，5是最高分，你會給這本書或是這個素材幾分呢？你的原因和理由是什麼？
7. 在你閱讀這本書或是這個素材的過程中，有沒有發生什麼好玩、有趣或是難忘的事情呢？

「膽量麥克風」的進階測試

在進行完「膽量麥克風」比較外圍、不需要深度探究所閱讀書籍或是素材內容的「基本測試」以後，接下來，我會採用舉手搶答、抽籤、戳戳樂或是配合賓果遊戲的方式，來進行「膽量麥克風」比較「進階的測試」，一方面是想透過這種趣味競賽的方式，帶領所有夥伴們再次複習這些素材的重點內容，另一方面，則是想讓現場的氣氛立刻沸騰到最高點。

例如：我曾經把《湯姆歷險記》這本書裡面，關於「人物的特色」、「事件發生的地點」、「具有代表性的東西」以及「令人屏氣凝神的關鍵情節」等重點摘錄出來，然後將它們設計成一份選擇題形式的「故事重點檢驗單」，只要曾經認真閱讀過這本書的小朋友們都會毫不遲疑、大膽的舉起手來正確回答，不僅完全沒有任何考試的壓力，也可以讓我清楚知道——他們確實熟讀了這本書的內容，而且也已經完成我「膽量麥克風」的進階測試了，可以準備開始進行「閱讀甜甜圈」共讀聊素會的下一個關卡（開啟你的聊素頻道）囉！

「故事重點檢驗單」的參考範例

1. （　）原本應該是快樂的週末，可是湯姆卻被姨媽處罰，做什麼勞動服務？❶掃廁所❷刷油漆❸砍木柴（P.22-25）
2. （　）湯姆的好朋友夏克伯利・芬，是個怎麼樣的人？❶愛乾淨的模範生❷小鎮上的流浪兒❸表現傑出的運動員（P.54-59）
3. （　）為了治療皮膚上的疙瘩，故事裡的主角半夜要提著什麼東西到墳上？❶死貓❷死狗❸死青蛙（P.58-59）
4. （　）夏克半夜要去找湯姆，是用什麼當作暗號？❶放煙火❷丟石頭❸學貓叫（P.59）

5.（　）湯姆最害怕下列哪個人？❶莎麗姨媽❷薩其爾法官❸印第安人卓伊（P.81-313）

6.（　）姨媽非常生氣，因為湯姆把鎮靜劑的藥給誰吃了？❶家裡的貓❷弟弟❸鄰居的小孩（P.103-109）

7.（　）離家出走的湯姆最後決定回家，因為大家要為他們舉辦什麼活動？❶慶生會❷畢業典禮❸追悼會（P.140-161）

8.（　）湯姆用什麼東西，幫自己找到通路？❶樹枝❷風箏線❸手機（P.301-302）

9.（　）歹徒到最後怎麼了？❶被判死刑❷向法院自首❸餓死了（P.305）

10.（　）夏克到最後怎麼了？❶被人收養❷成為海盜❸成為法官（P.325-326）

【參考答案】 1.❷ 2.❷ 3.❶ 4.❸ 5.❸ 6.❶ 7.❸ 8.❷ 9.❸ 10.❶

和「演講比賽」不相同之處

原則上，在進行每一次「閱讀甜甜圈」共讀聊素會開場時的「膽量麥克風」

測試，我給每一位成員發表的時間都不會超過一分鐘，如果有夥伴欲罷不能的超過了時間，我就會立即委婉的請他先做個小結論，然後把還沒有發表完的內容留到等一下再說。

因為我想要透過如此「少量多餐」（每個人每次發言的時間很簡短，但是整個活動過程發言的次數與頻率很多）的方式，讓所有夥伴在沒有壓力的情況下勇於挑戰以及測試自己的「膽量麥克風」，而且在你來我往的熱烈互動中，我們才可以聆聽到更多人的意見，不至於讓這場「閱讀甜甜圈」共讀聊素會，從頭到尾被某些口若懸河、高談闊論、不懂得節制時間的成員給占用了，最後淪為像是政令宣導、思想灌輸、一言堂式的集會。

值得一提的是，在參與「閱讀甜甜圈」共讀聊素會的時候，這支「膽量麥克風」（發言的主導權）並不需要像是在參加演講比賽一樣，每個人一次就得闡述七到八分鐘結構嚴謹、聲音抑揚頓挫的發言內容，時間不足或是超過時間了甚至還會被扣分！大多數的時候，我們就像平常在和別人聊天的時候一樣，只要輕鬆且簡短的說說一、兩句話，就可以把這支「膽量麥克風」像是大隊接力賽的棒子一樣傳出去，改換成在場的其他夥伴來繼續發表高見。

再者，在「閱讀甜甜圈」共讀聊素會現場專心聆聽您發表的人，並不像演講比賽那些決定您得獎名次、令人心生畏懼的評審或是專家學者們，反而是那群與您相互扶持、共同成長的知心好夥伴，所以，您根本就不需要太過於緊張，也不必擔心自己這「關鍵的三十秒」表現得夠不夠好？只要以氣定神閒、從容不迫的姿態，把握每一次拿起這支「膽量麥克風」來和別人分享心得的機會，我相信日積月累下來，您一定會非常享受隱藏在「閱讀甜甜圈」共讀聊素會裡面，那種樂在其中、令人難忘的甜美滋味喔！

所以，您還在遲疑什麼呢？來吧！「1、2、3，『閱讀甜甜圈』膽量麥克風測試、膽量麥克風測試」，這位貴賓，請您開始發言吧！

打開您的「聊素四頻道」

「聊素『四』頻道」的有趣名稱

在帶領「閱讀甜甜圈」共讀聊素會的時候，我提出了「聊素『四』頻道」這個有趣的名稱及概念，因為它不僅非常的淺顯易懂，而且我們在和其他夥伴聊素材的時候，真的也像平常坐在家裡客廳的沙發椅上，拿著電視遙控器，隨心所欲切換自己有興趣的頻道一樣。

只不過，我們是用「問題」來切換或是製造小組成員們討論的「話題」，隨著所提出來的問題不同，就好像是切換到了不同的頻道，接下來，大家所觀賞到的「節目」（討論的內容），當然也會迥然相異囉！

另外，和市面上一般電視節目的頻道業者不相同的是，我沒有端出各種令人目眩神迷卻又不實用的數百種頻道可供選擇，經過費心的整理以及嚴格的篩選過後，我只留下四個非常實用的頻道，但這在進行「閱讀甜甜圈」共讀聊素會的時候，已經可以讓所有參與的夥伴們立即上手並且引發熱烈討論，我姑且把它們戲稱為「聊素的『四』頻道」（哈哈，與「『視』頻」的發音相似，真巧！）

而這四個頻道，我分別用四個不同的符號來代表——

1. ○頻道

如果在閱讀完共讀的素材內容以後，會讓您有以下的感受及反應，那麼，它們就是屬於「○頻道」的範疇：

❶在內心之中產生正面的情緒能量，包括：喜悅、興奮、舒服、放鬆、安心、悠哉、平靜、享受、甜蜜、幸福、痛快、滿足、充實、希望……。

❷身體會不由自主的有以下的動作及反應，例如：嘴角微笑上揚、一直點頭

如搗蒜、大力的拍案叫絕、不斷的大呼過癮……。

❸很想對作者、繪者或是譯者，真誠表達自己內心的「欽佩、羨慕、著迷、崇拜、敬愛」之意。

❹非常欣賞素材中的主角或是某個配角高尚的人格特質，包括：創新、謙虛、自信、公正、禮貌、節儉、勤奮、負責、聰明、冷靜、謹慎、穩重、自制、知足、溫和、熱情、活潑、誠懇、直率、寬容、主動……。

❺深深覺得這個共讀素材的內容高潮迭起、精采絕倫、驚喜不斷，很想對它猛按「讚」，或是有一股想要與更多人分享的衝動。

❻真心認為這是一份值得典藏、值得大家共同閱讀及討論的好素材，哪怕到最後是要自掏腰包付錢購買，也會覺得非常的物超所值、值回票價。

2.×頻道

和「〇頻道」相反，如果在閱讀完共讀素材的內容以後，會讓您有以下的感受及反應，那麼，它們就是屬於「×頻道」的範疇：

❶在內心之中產生負面的情緒波動，包括：難過、悲傷、煩悶、挫折、抓狂、

沮喪、空虛、痛苦、緊張、恐懼、自卑、噁心、無奈、絕望……。

❷身體不由自主的會有以下的動作反應，例如：嘟嘴、皺眉、頭左右晃得像一面波浪鼓、捶胸、頓足、怒髮衝冠、嘆息聲不斷……。

❸忍不住想對作者、繪者或是譯者，表達自己內心的「不滿、憤怒、厭惡、痛恨、失望」之意。

❹完全無法認同素材中的主角或是某個配角偏差的人格特質，包括：驕傲、固執、自卑、卑鄙、懶散、無禮、愚蠢、衝動、貪心、冷酷、嚴苛、狡猾、悲觀、叛逆、多疑、軟弱、膽小、粗魯、吝嗇、被動……。

❺深深覺得這個共讀素材的內容荒腔走板、匪夷所思、不合邏輯、不知所云、漏洞百出、太離譜、太扯、太瞎、太爛，看到一半就有一股很想要把它丟到垃圾桶裡面的衝動。

❻如果有機會再重新選擇，一定不會自掏腰包付錢購買這份素材，也絕對不會把它推薦給其他人，更不願意再花時間閱讀這份素材的內容了。

3.?頻道

在閱讀完共讀的素材內容以後，如果還有以下的這些疑難雜症困擾著您，那麼，您就可以把它們全部都擺放到「？頻道」裡頭：

❶仍然有看不懂的資料訊息，包括：深難的字詞、成語、專業的術語、翻譯的名稱……。

❷無法釐清的深奧概念，讓您即使已經反覆閱讀好幾遍了，仍然是一頭霧水。

❸隱藏在素材裡面的寓意，讓您永遠想不透作者為什麼要這樣寫？某個角色為什麼會這麼做？

❹撲朔迷離的故事情節，或是錯綜複雜的人物關係，讓您如同在霧裡賞花般，霧茫茫的愈看愈是兩眼昏花！

❺如果將來有一天，您有機會和作者（或是素材中的某個角色）見面，您最想問他什麼問題？

❻在閱讀完這份共讀的素材內容以後，您有沒有還想要再多知道一些關於什麼的事情呢？

4.⇔頻道

「⇔頻道」讀作「『雙箭頭』頻道」，它就像是一條兩端都有著箭頭圖案的繩子一樣，分別指著兩種不同的東西（一端稱作是A，另外一端則是B），我們可以透過「⇔頻道」來檢視A和B之間到底是密切相關？完全相反？還是毫無關聯呢？

❶從這份素材的名稱或是封面的訊息（A）來看，會讓您直覺聯想到什麼（B）呢？

❷在閱讀這份素材的內容以前（A），與在您認真閱讀之後（B），有哪些是您早就已經知道的部分？有哪些又是您剛剛才得到的新鮮知識呢？

❸假如您（A）變成這份素材中的某個角色（B），那您會怎麼做或是怎麼想呢？

❹如果有機會，您（A）最想和這份素材中的哪一個角色（B）見面或是交朋友？為什麼？

❺在您的生活周圍，是否也有某個人或某件事（A），與這份共讀素材中的某個人或某件事（B），很像或是很不一樣的例子呢？

❻在這份素材中的哪一個重要事件（A），導致了後續一連串事件（B）的發生呢？請按照順序將它們一個個的排列出來。

❼在這份素材中的主角（A）與其他配角（B）之間的關係如何？個性上又有哪些相同或是不相同的地方呢？

❽把兩種不同素材的主角或是配角放在一起，例如：東方的廖添丁（A）和西方的羅賓漢（B）聚在一起，猜猜看他們會談論什麼樣的話題呢？

❾挑選風格相近、主題相同、同一個創作者、不同的創作者、不同的出版社，或是主角遭遇類似困境的兩個素材（A和B），比較它們之間到底有哪些相同和相異之處？

❿把拍成戲劇、電影、動畫……的素材內容（A），與「原著」（B）相互比較，看看它們之間到底有哪些地方是加油添醋的內容？又有哪些部分是被省略刪掉了呢？

⓫如果要邀請您（A）針對這份素材的內容進行仿作或是改寫，您會挑選哪一個段落（B）？為什麼？您又會採用什麼樣的方式來呈現呢？

⓬在閱讀完這份素材的內容（A）以後，您會採取什麼樣子的行動策略（B）？可以把它應用到生活中的哪些地方（B）呢？

⓭在閱讀完這份素材的內容以後，您的感受與想法（A），和撰寫推薦序的名人或是在粉絲團抒發己見的網友們的留言（B），有哪些相同或是相異之處呢？

兩個要再補充說明的部分

透過「聊素『四』頻道」，讓我們在共讀完一份素材的內容以後，可以迅速找到和其他夥伴們好好聊一聊的「問題」，進而引發大家在進行「閱讀甜甜圈」共讀聊素會熱烈討論的「話題」。

不過，在此我必須再做以下的兩點補充說明——

第一，我們每個人的情緒及感覺，有些時候就像毛線球般的糾纏在一起，所以，如果想要把它們做明顯的分割，簡單的歸類在「聊素『四』頻道」中的哪一個頻道？就會有些棘手或是模稜兩可的情形發生。

例如：在閱讀完一份共讀的素材內容以後，假如您有「意想不到、不可思議、前所未見、與眾不同」等感覺，在這些夾雜著「不」的四字語詞當中，或許會讓我們直覺想到要把它們都放在「×頻道」裡頭，但是，我卻會把它們放在「○頻道」，因為這些獨樹一格的內容，在一開始的時候或許會讓人有點兒錯亂，但是等到最後讓人出乎意料的答案揭曉了，我們的情緒就會轉向正面、「○頻道」的方向囉！

再者，如果有人是一邊閱讀這份素材的內容，一邊眼淚像斷了線的珍珠一樣掉落，或許有人會把它放在「×頻道」，但是，如果是我的話，我則是會把它放在「○頻道」裡頭，因為我覺得落淚其實並不是一件壞事情，有些人的落淚是喜極而泣，有些人的則是感動不已啊！

第二，隨著我們觀看事情的角度不同，一定就會產生不同的思考結果，所以，

「聊素『四』頻道」的選擇，往往都不會是「始終如一」的結果，而是會像令人捉摸不定的天氣一樣變來變去，剛開始或許選的是某一個頻道，後來又改成另一個頻道，到最後則是變成了第三個頻道。

例如：或許您會覺得某本書的印刷精美、紙質以及裝訂的品質都非常好（○頻道），但是，後來才發現這本書拿起來非常厚重，紙張會反光，閱讀起來相當吃力（×頻道）；或許您也會非常好奇——作者為什麼要安排那一個角色（？頻道）？如果當初這份素材中沒有某個人或是某個事件的發生（×頻道），那麼，後續故事的結局又會是怎樣的改變呢（⇔頻道）？

不過，我覺得沒有關係！我們不必深陷在「嚴格說起來，這些情緒及反應究竟應該要放在哪一個頻道才是正確」的這個問題上，因為這並不是一個具有標準答案的隨堂測驗，只要我們透過認真的思考、反覆的閱讀過後，找到了一個個可以和別人討論及分享的「問題」或是「話題」，在「閱讀甜甜圈」共讀聊素會的現場，這種頻道交錯出現的結果，就會像是在夜空中光彩奪目的煙火一樣，讓人不由自主的發出一波又一波高分貝的驚呼聲唷！

至於我們可以怎麼樣分析一份素材的內容？並且完整表達自己內心的情緒與想法呢？除了必須打開「聊素『四』頻道」之外，如果還可以再搭配上您的「閱讀觀景窗」，就會更加完美囉！

那麼，就請您繼續翻閱下一個章節的完整介紹吧！

搭配您的「閱讀觀景窗」

在帶領「閱讀甜甜圈」共讀聊素會的時候，我會請參與的夥伴們仔細回想一下：「每次站在便利商店的冷藏櫃前面，看著眼前琳瑯滿目的各種飲料，您究竟會根據什麼樣的『觀點』或是『思考的面向』，來決定最後想要帶走哪一瓶飲料呢？」

有的人回答是「價錢」，有的人告訴我是「保存期限」，還有些人考慮的是「廠牌」、「營養成分」、「容量」、「包裝」、「代言人」……因素。

我點點頭，笑著說：「這些『觀點』或是『思考的面向』，就好像一扇扇光亮如鏡的『觀景窗』一樣，我們不僅可以透過它們來欣賞窗外的美麗風景，冥冥之中，似乎也是透過它們來做後續的選擇、評論或是判斷的根據喔！」

有了這樣的概念以後，我也開始認真思考並且用心彙整——在「閱讀」的過程中，我們究竟可以打開哪幾扇「觀景窗」呢？也就是說，可以採用哪些「觀點」或是「思考的面向」，作為我們在選擇、評論或是判斷一份共讀素材（不管是繪本、小說、戲劇或是電影）的根據呢？

原則上，我會請所有參與「閱讀甜甜圈」共讀聊素會的夥伴們，在閱讀完共同的素材內容以後，依照三個由外而內的順序（❶先從自己的「直覺」❷再從素材的「外表」❸最後從素材的「內容」），來打開各扇「閱讀的觀景窗」，然後參考各個思考以及評論的面向，選擇自己「○×？⇔」的四個聊素頻道來跟其他的夥伴們分享及交流。

接下來，我就以「紙本書籍」和「影片、戲劇或動畫」這兩種最常見的素材類型，採用表格的方式來呈現我所整理的「閱讀觀景窗」，至於其他類型的素材，您們也可以比照這樣子的方式來處理喔！

「紙本書籍」類型的閱讀觀景窗

1. 先從自己的「直覺」來敘說

以自己的「直覺」來尋找「閱讀的觀景窗」，直接敘說在閱讀完這本書籍的內容以後，內心有什麼樣的感覺和想法即可。

2. 再從書籍的「外表」來觀看

編號	閱讀觀景窗	思考以及評論的參考面向	選擇頻道
1	書籍的命名	這本書的名稱是否好記、好唸或是很有創意呢？	○×？⇔
2	外觀的設計	封面以及封底的設計是否精美？是否把所有角色或是故事的重點都已經完整且清楚交代了呢？是否也因此洩露太多關於書中的祕密與破綻了呢？	○×？⇔
3	文字的編排	字體的選擇、文字的大小、顏色、間距與行距，是否讓人閱讀起來賞心悅目？還是頗為吃力呢？	○×？⇔

4	整體的包裝	插圖與文字的比例是否適中？色彩的調配是否合宜？整體的包裝以及美術的設計是否別出心裁？是否可以看出編輯團隊的創意及巧思呢？	○×？⇔
5	紙張的選擇	紙張的觸感及品質如何？是否會反光或是嚴重影響閱讀呢？書本的開數大小是否方便攜帶以及容易翻閱呢？	○×？⇔
6	書籍的厚度	總共有多少頁？書籍的厚薄以及重量是否合宜？讀者需要分成幾次來閱讀？在閱讀的時候會不會有很大的負擔呢？	○×？⇔
7	裝訂的技術	書本是否堅固耐用？裁切是否良好？有無脫頁、倒裝等瑕疵？	○×？⇔
8	印刷的品質	圖片與文字的印刷是否清晰？油墨的色澤濃淡是否合宜？	○×？⇔
9	銷售的狀況	是否會讓人有物美價廉、物超所值、值回票價的感覺？銷售的管道是否通暢？版次以及印刷量如何？是否為暢銷書？為何可以成為暢銷（或是長銷）書呢？	○×？⇔

3.最後從書籍的「內容」來評論

編號	閱讀觀景窗	思考以及評論的參考面向	選擇頻道
1	書籍的類型	這本書的主題（例如：品格、人權、生命教育）與類型（例如：無字書、立體書）是否與眾不同？是否可以讓人耳目一新呢？	○×?⇔
2	時空的背景	這本書中的時空背景，是否合乎讀者的認知發展程度以及生活的經驗？是否可以引起大家的共鳴呢？	○×?⇔
3	目錄的編排	目錄的編排方式是否具有巧思？是否有助於概覽這本書的全貌？或是足以引起讀者的閱讀動機呢？	○×?⇔
4	章節的區隔	各個章節以及大小標題之間，是按照什麼樣子的方式來排列？編排的邏輯是否合適呢？	○×?⇔
5	敘寫的方式	標點符號的使用是否正確？用字遣詞是否可以讓人明白易懂？翻譯的用語是否有文化上的差異？修辭的運用是否具有加分的效果？語句是優質文雅還是低級媚俗？是否具有可以讓人銘記在心的名言佳句呢？	○×?⇔

6	故事的主旨	書中的內容是否具有積極、光明等正向的主旨？作者的論述及觀點有無偏見、意識形態、刻板印象或是對讀者有負面的影響呢？	○×？⇔
7	角色的安排	角色的安排是否可以讓人產生認同？角色之間的對話、動作以及表情，是否可以將各個角色的性格完整呈現？各個角色之間錯綜複雜的關係，是否可以讓人清楚分辨呢？	○×？⇔
8	情節的鋪陳	是否有安排某些重要的伏筆或是故事情節的轉折點？是否有哪一段情節會讓人有出乎意料、感動落淚或是強烈質疑的感覺呢？情節的鋪陳是否結構清楚、有系統、有組織、符合邏輯呢？	○×？⇔

「影片、戲劇或動畫」類型的閱讀觀景窗

1.先從自己的「直覺」來敘說

以自己的「直覺」來尋找「閱讀的觀景窗」，直接敘說在閱讀完這份素材的

內容以後，內心有什麼樣的感覺和想法即可。

2. 再從素材的「外表」來觀看

編號	閱讀觀景窗	思考以及評論的參考面向	選擇頻道
1	素材的命名	這份素材的名稱是否好記、好唸或是很有創意呢？	○×？⇔
2	預告的文宣	宣傳海報的設計及排版是否精美？預告短片是否已經把所有角色或是素材的重點都完整且清楚交代了呢？是否也因此洩露太多關於素材中的祕密與破綻了呢？	○×？⇔
3	字幕的編排	字幕的字體、顏色、大小、文字的間距與行距、出現的間隔時間，是否讓人閱讀起來賞心悅目？還是頗為吃力呢？	○×？⇔
4	整體的包裝	這份素材的整體包裝以及美術的設計是否別出心裁？色彩的調配是否合宜？各個角色的服裝、造型及道具是否用心設計？是否可以看出製作團隊的創意及巧思呢？	○×？⇔

5	素材的長度	素材的長度有多久？共讀聊素會的成員是否需要分次來觀看？觀眾在欣賞的時候會不會有很大的負擔呢？	○×？⇔
6	素材的品質	素材的畫質是否清晰？聲音是否有延遲或是出現雜訊的情形呢？	○×？⇔
7	製作的團隊	製作團隊的陣容是否堅強？主要的演員有哪些？曾經榮獲哪些大獎的肯定呢？	○×？⇔
8	銷售的狀況	是否會讓人有物美價廉、物超所值、值回票價的感覺？上映的時間以及觀賞的管道是否非常普及？票房如何？為何可以成為賣座的素材呢？	○×？⇔

3.最後從素材的「內容」來評論

編號	閱讀觀景窗	思考以及評論的參考面向	選擇頻道
1	素材的類型	這份素材的主題（例如：喜劇、親情）與類型（例如：動畫、微電影、默劇）是否與眾不同？是否可以讓人耳目一新呢？	○×？⇔

2	時空的背景	這份素材的時空背景，是否合乎觀眾的認知發展程度以及生活的經驗？是否可以引起他們的共鳴呢？	○×?⇔
3	幕次的規畫	各個幕次以及演出的段落之間，是按照什麼樣的方式來規畫？編排的邏輯是否合適？中間的串場是否具有創意呢？	○×?⇔
4	拍攝的手法	導演鏡頭變換的方式是否合宜？素材剪輯的技巧是否純熟？是否出現暴力、血腥、恐怖或是不雅的畫面？燈光、特效、配樂、旁白的搭配是否具有畫龍點睛的效果呢？	○×?⇔
5	敘述的方式	用字遣詞是否可以讓人明白易懂？翻譯的用語是否有文化上的差異？修辭的運用是否具有加分的效果？語句是優質文雅還是低級媚俗？是否具有可以讓人銘記在心的名言佳句呢？	○×?⇔
6	素材的主旨	素材的內容是否具有積極、光明等正向的主旨？論述及觀點有無偏見、意識形態、刻板印象或是對觀眾有負面的影響？	○×?⇔

7	角色的安排	角色的安排是否可以讓人產生認同？角色之間的對話、動作以及表情，是否可以將各個角色的性格完整呈現？各個角色之間錯綜複雜的關係，觀眾是否可以清楚分辨呢？	○×?⇔
8	情節的鋪陳	是否有安排某些重要的伏筆或是戲劇情節的轉折點？是否有哪一段情節會讓人有出乎意料、感動落淚或是強烈質疑的感覺呢？情節的鋪陳是否結構清楚、有系統、有組織、符合邏輯呢？	○×?⇔

要再補充說明的部分

看完以上的介紹，我想要再補充說明的是——

第一，我所整理的這一扇扇「閱讀觀景窗」，只是為了方便我們在腸枯思竭、頭腦裡再也「擠」不出任何想法的時候，還有一些思考的脈絡或是探尋的方向可以依循。當然啦！它們並不是十分的完整，也稱不上完美，後續如果大家還有發現我所遺漏的部分，可以再自行補充。

然而，對於某些志同道合、情同手足的「閱讀甜甜圈」共讀聊素會的夥伴們來說，其實只要把大家聚在一起，給一個共讀的素材，根本不需要再提供任何「閱讀觀景窗」的建議，他們就可以嘰哩呱啦、滔滔不絕的討論個不停了。

第二，如果把這些「閱讀觀景窗」想像成是一個個的入口，在鑽進每一扇窗戶以後，又有一些思考以及評論的參考面向可以讓您繼續往前推進，接著，再搭配「○×？⇔」這四個頻道來展示您的心情及想法……。

因此，經過這樣混合交錯之後的結果，就會產生數以萬計「如何評論或是判斷一份閱讀素材內容」的選擇呈現在您眼前了，如此一來，可以輕易解決所有參與「閱讀甜甜圈」共讀聊素會的成員們，「無話可說」或是「無話可聊」（我把它簡稱為「無聊」）的窘境囉！

第三，可以把這些「閱讀觀景窗」的表格內容影印、護貝，然後在每次閱讀完共讀的素材以後，就讓所有參與「閱讀甜甜圈」共讀聊素會的夥伴們拿著白板筆，像是在餐廳點菜的方式一樣，依照這張「菜單」上面所條列的各個要項來思考及圈選。（為了尊重嘉紋主任嘔心瀝血的智慧財產權，這些資料請一定要清楚標示來源及出處喔！）

值得一提的是，由於受限於每一位夥伴的專業、成長的背景及能力，也受限於每一次聚會的時間，在進行「閱讀甜甜圈」共讀聊素會的時候，我們並不是要求每一扇「閱讀觀景窗」裡的每一個思考面向的問題都要逐一回答，而只要挑選「自己最有感覺」以及「最想要和其他人分享及交流」的部分來完整敘述就好了。

第四，至於要如何善用這一扇扇「閱讀觀景窗」，讓自己可以如魚得水般的發表一則則既完整且完美的評論意見呢？敬請您參閱下一個章節的完整介紹。

「聊素記錄表」的範例解說

所謂：「『好記性』不如『爛筆頭』。」這句話最主要是告誡我們——不要太誇耀自己的記性有多棒，也別擔心自己的文筆不夠好，只要能夠善用適合的輔助工具，把身邊重要的事情一件一件的記錄下來，就永遠都不會忘記囉！

標記閱讀重點的好方法

在閱讀的過程中，隨著每一段故事情節的發展，我們的內心一定也會開始激盪出許多不同的情緒與想法，如果沒有養成隨手記錄的好習慣，這些難能可貴的情緒與想法就會像是寫在沙灘上的文字一樣，立刻被後續一波又一波襲捲而來的浪花給沖刷得無影無蹤了。

因此，在帶領「閱讀甜甜圈」共讀聊素會的時候，我會鼓勵所有參與的夥伴們一定要養成標記閱讀重點的好習慣，甚至可以把這些重點整理成一份「聊素記錄表」，以便作為接下來和其他夥伴們分享及交流的依據。

只不過，這又得分成以下兩種情況來說明——

1. 如果這份共讀的素材是你自己所擁有的

通常，我會把自己第一次閱讀過的重點用鉛筆輕輕的在上面畫線，如果是一些重要的關鍵字詞，則會把它們圈起來，或是寫在每個段落最顯眼的地方。

經過反覆的閱讀過後，確定這些隻字片語真的「有資格」成為每個段落的重點，那麼，我就會使用螢光筆把它們標記得更清楚，或是選用各種顏色的原子筆（我常用的是紅、藍、綠三種顏色），把可以作為各個聊素頻道的內容用直尺畫線並且標記上符號（我是用紅色代表「○頻道」，綠色代表「×頻道」，藍色代表「⇔頻道」，「？頻道」的問題隨時會因為找到解答而不需要再留存了，所以我用的是鉛筆，以便後續可以將它們擦掉）。

甚至，我還會把自己閱讀過某些章節突然迸發的靈感，用簡短的文字記錄在空白的頁面上……，總而言之，就是我想要怎麼寫，怎麼畫，都可以！

透過這樣子的方式，我曾經閱讀過的重點以及內心突然產生的任何心情與想法，不僅會被完整的記錄下來，有些時候，當我再重新翻閱自己認真留下的這些點點滴滴，心裡頭還滿有成就感的唷！

2.如果這份共讀的素材是跟公家借來的

那麼，任何標記閱讀重點的隨手塗鴉或是採用折頁的方式都不能做！千萬不可以因為貪圖個人一時的方便，讓這份共讀的素材從此就葬送在我們的手裡了，因為這不僅相當的自私，而且也是非常沒有公德心的行為表現喔！

這時我們可以借助一些工具（例如：影印機、照相機、錄音筆、智慧型手機）的幫忙，將閱讀過的重點影印、錄影、錄音或是翻拍下來，作為後續畫記、眉批以及和其他夥伴們討論的依據。

除此之外，在帶領「閱讀甜甜圈」共讀聊素會的時候，我最常用、也最推薦的一種標記閱讀重點的方式，就是善用「便利貼」（或是稱為「N次貼」）這種小巧而且充滿創意的文具商品，不管這份共讀的素材是我們自己所擁有或是跟公家借來的，這種方式都非常適用。

善用「便利貼」的創意功能設計

市面上販售的「便利貼」樣式及種類非常多元，在帶領「閱讀甜甜圈」共讀聊素會的時候，我選擇的是長條形（43mm ＊ 12mm）、一包裡面有五種不同的顏色（紅、綠、黃、藍、橘）、可以用筆在上面書寫、黏性足以重複黏貼又不會傷害紙質、價位大約在二十至三十元左右的規格。

我會請所有的夥伴自行準備，或是把這款「便利貼」當成是送給他們認真參與「閱讀甜甜圈」共讀聊素會的獎勵品。根據這些年我在教學現場的觀察，只要透過正式的教導，所有的成員都能清楚知道——這個小小的文具，在標記閱讀重點的時候是多麼的便利！因此也就會格外的珍惜，並且把它的功能發揮到最好的學習效果，這不僅讓我看了以後很感動，也深深覺得如果我們「送禮，可以送到對方的心坎裡」，那將會是多麼美好的一件事情啊！

為了配合我在閱讀時畫記重點所選用的原子筆顏色，我讓「閱讀甜甜圈」的「四個聊素頻道」與便利貼之間，也有著相對應的專屬顏色，呵呵！我是做這樣子的有趣聯想：「『○頻道』代表的是我們內心很喜歡，所以我選的是和心臟一樣的『紅』色便利貼；『×頻道』是我很不喜歡，氣到臉都快要變成像芭樂一樣的『綠』色便利貼；『？頻道』裡面的問題，我們最後都希望可以得到『恍』然大悟的徹底解決，所以我選擇的是『黃』（與『恍』的聲音相近）色的便利貼；『⇔頻道』表示自己和外在世界的連結，浩瀚的好像大海般的『藍』色便利貼；至於還有一個『橘』色的便利貼，我則是把它當作『其』（與『橘』的聲音相近）他備用的功能。」

黏貼不同位置的隱含意思

除了以上介紹的這種方式之外，我還設計了一種既簡便又非常有創意的方式，那就是——我把一本書的內頁分成了上、下、右上（或左上）以及右下（或左下）四個區域，然後讓「閱讀甜甜圈」四個聊素頻道的內容與它們做相互的對應，只要我們在閱讀的時候，內心產生了特別的情緒及想法，就把便利貼黏在這個內頁不同的區域上面。

至於這四個區域，我是做如下的劃分——「〇頻道」的內容會讓我們忍不住想豎起大姆指朝上比「讚」的動作，所以，我會把便利貼黏在那段文字頁面「正上方」的位置；「×頻道」和「〇頻道」相反，所以，我會把便利貼黏在那段文字頁面「正下方」的位置；在『？頻道』

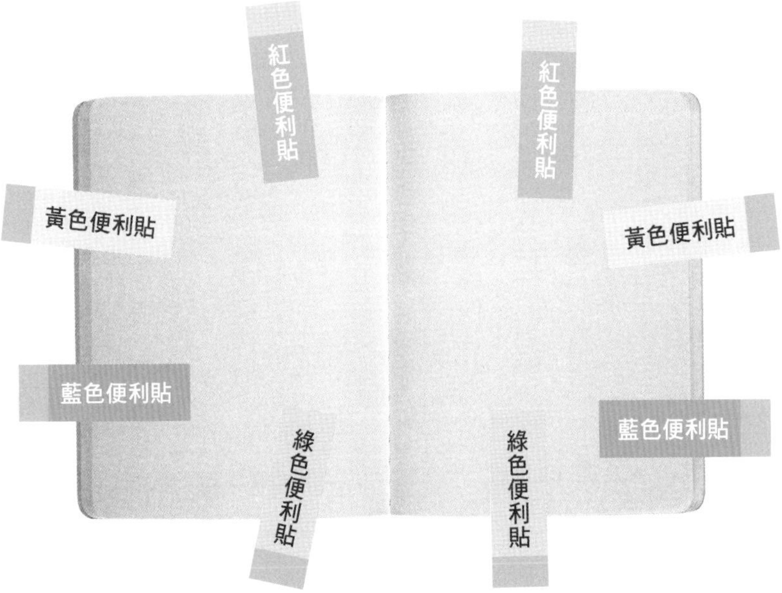

所提出來的問題，如果是在右邊的頁面，我的便利貼就會黏在右上方的位置，如果是在左邊頁面的話，則是會黏在左上方的位置；至於「⇔頻道」的內容，如果是在右邊的頁面，我會把便利貼黏在右下方，如果是在左邊頁面的話，則是把它黏在左下方的位置。

假如我們共讀的是一份文字量比較多的素材，我會先以十頁或是一個章節的內容為單位，讓小朋友們試著用便利貼來練習做重點的標記，並且從這些標記當中，隨機抽選幾張便利貼出來檢覈看看：「它們究竟是小朋友們認真閱讀及思考過後的結果？還是胡亂黏貼的隨便敷衍呢？」（值得一提的是，有些時候，同一個頁面或許不會只有一張聊素頻道的便利貼，有時甚至會有好幾張便利貼黏在一起，一剛開始我以為這是小朋友胡亂黏貼的結果，後來經過我仔細的詢問之後，才發現這個內頁裡面的內容真的是太精采了！有的是引發了你的「？頻道」，有的這一段是「○頻道」，下一段又變成了「×頻道」……）

如此一來，在閱讀完每一份共讀素材的內容以後，我們不僅可以把四個不同聊素頻道的重點分門別類、一覽無遺的標記出來，有些時候，光是從每個參與「閱讀甜甜圈」共讀聊素會成員所黏貼的這些便利貼，我們就可以清楚知道——「他們到底有沒有認真閱讀了呢？」

甚至，在「閱讀甜甜圈」共讀聊素會的現場，我們可以針對每個成員便利貼不同黏貼的位置，進行一場綿密而且有趣的交流，例如：我們可以先選擇「？頻道」，請每一位成員提出「他對於這份素材當中的哪一頁（或是哪一個部分）有什麼樣子的疑惑？」，然後再請其他沒有選擇黏貼這個部分的成員幫忙解答或是做觀念的澄清，一旦這些「？頻道」裡頭的某個疑惑被解除了，原本黏貼在內頁右上（或左上）方的那張黃色問號頻道的便利貼就可以被撕下來了。

或是，我們可以選擇「〇頻道」的內容，請每一位成員分享「最喜歡這份素材當中的哪一頁或是哪一個部分？」，並且詳細說明自己的理由，如果現場有其他夥伴也有相同的看法以及重點的標記，就給予「英雄所見略同」的口頭肯定；相反的，如果現場有其他的夥伴是黏貼著相反的重點標記，我們就請這些人把自己的想法和意見完整的表達出來，最後，也不需要透過舉手表決的程序，試圖追求「少數服從多數、多數尊重少數」的拍板定案，畢竟，我們舉辦「閱讀甜甜圈」

共讀聊素會的目的，是期盼大家的想法和意見可以大鳴大放、相互交流，如同我們在花團錦簇的庭園裡欣賞各種千姿百態的美麗花朵一般。

「聊素記錄表」的寫法及階段

根據之前我帶領「閱讀甜甜圈」共讀聊素會的經驗，只要每個成員有用便利貼做各個聊素頻道的重點標記，基本上，他們就可以展開一波又一波熱烈的討論及交流了。

只不過，如果沒有更進一步做詳細的文字記錄或說明的話，隨著時間一久，大多數的成員也都會忘記當初為什麼會在這個內頁上面黏貼這張聊素頻道的便利貼；也會逐漸淡忘當初在閱讀這份共讀素材時內心那種慷慨激昂、洶湧澎湃的感覺了，這將會是十分可惜的一件事情啊！

為了避免產生這樣的遺憾，我除了會用照相機、攝影機、錄音筆等器材，把每一次大家認真參與「閱讀甜甜圈」共讀聊素會的現場精采實況，儘可能原汁原味的「記」和「錄」下來之外，也會鼓勵大家一定要養成隨手撰寫「聊素記錄表」

的好習慣，把自己所有稍縱即逝的點子與想法，變成像一條珍珠項鍊般的永久典藏。

一般來說，我在撰寫「聊素記錄表」的時候，會經歷以下四個階段——

1.「閱讀」以及「標記聊素頻道」的階段

如同之前所說的，我會準備好各種顏色的原子筆、螢光筆、便利貼以及鉛筆，一邊認真的閱讀共讀素材的內容，一邊隨手做各種聊素頻道的重點標記。

2.「審核」以及「整理重點標記」的階段

等到閱讀累積達到一定的分量，我就會像個評審一樣重新檢視之前所做的重點標記——「原本的疑惑，是否因為閱讀到後面的內容而獲得了解答？」「我是否會重新調整自己『○頻道』或『×頻道』的選擇？」「在閱讀了後半段的內容以後，是否又開啟我不同的『閱讀觀景窗』了呢？」……。

在這個階段，有些重點標記的便利貼可能會被我拆卸下來；有些可能像是在玩「大風吹」的遊戲一樣，會跟其他的重點標記合併了。

3.「思考」以及「撰寫聊素記錄」的階段

對於那些通過「審核」、被保留下來的重點標記，我會按照以下這四個重點的提示，開始思考要如何將它們撰寫成一份完整的「聊素記錄表」。

重點的提示	聊素記錄表的引導語
1. 選擇閱讀的觀景窗	**我想針對○○○○的這扇「閱讀觀景窗」，來發表我對於**這份素材的看法及意見。
2. 引用的出處及來源	在這本書第○○頁的地方，有講到：「（……**請將這篇文章中的重點採用直接一字不漏或是摘取大意的方式抄寫下來**）」
3. 聊素的頻道或情緒	**關於這個部分，我選擇的是「□□頻道」（或是「○○○○的情緒，或是◇◇◇◇的想法）**
4. 完整的原因及理由	**因為……**（請提出你具體的原因及理由，愈詳細完整愈好；如果原因及理由有很多點，可以採用「條列」的方式依序做說明）

例如：在閱讀完《唐吉訶德》這本書，我在「聊素記錄表」中是這麼寫的——我想針對「敘寫的方式」這扇「閱讀觀景窗」，來發表我對於這份素材的看法及意見。

在這本書第十七頁的地方有講到：「遊俠騎士沒有意中人，就好比樹沒有葉子和果實，軀殼沒有靈魂。」，還有第一七三頁的地方也有講到：「人生的快樂像夢幻泡影，一眨眼就過去，或者像田野裡的花朵兒，開過就枯了。」

關於這個部分，我選擇的是「〇頻道」，因為作者可以把抽象的概念，用生活周遭具體可見的東西來形容，不僅相當的貼切，而且也可以讓人一看就懂了！

另外，在第一五八到一六一頁以及第二四九到二五一頁，關於遊俠騎士每一次要和別人戰鬥過程的描寫，我選擇的是「×頻道」，因為這些部分都不具有臨場感，而且通常只有兩三行的文字描寫就草草結束了，根本無法引起我內心覺得既緊張又刺激的情緒反應，是我認為有點兒美中不足的地方。

對於我來說，我喜歡拿一張A4大小、畫有橫線的筆記內頁來當作我的「聊素記錄表」。我會把這份素材的名稱、作者、出版社及撰寫這份聊素記錄表的日期等資料，寫在正面最上方的位置，然後，再把這張記錄表上下對折，正反兩面就分成了四個區域，可以讓我們把聊素四個頻道的內容分別填寫在上面，不僅立即達到分門別類、一目了然的具體成效，而且也可以讓每一位參與「閱讀甜甜圈」共讀聊素會的成員們輕輕鬆鬆就上手了唷！

4.「擴散」以及「充實聊素記錄」的階段

按照上面的介紹，我們可以輕而易舉的撰寫出一份完整的「聊素記錄表」，只不過，這種類似「閉門造車」的方式，仍然會有「坐井觀天」以及「管窺之見」的缺憾！為了避免落入這樣的結果，我會再透過以下兩種管道來擴充自己「聊素記錄表」的內容——

第一，踴躍參加「閱讀甜甜圈」共讀聊素會的活動。

雖然大家閱讀的是相同的一份素材，但是，由於每一位成員擁有不同的成長背景、不同的立場、不同的觀點，透過參與「閱讀甜甜圈」共讀聊素會的活動，可以擴大我們的視野，並且突破自己始終無法看見的思考盲點。

第二，善用網路討論以及交流的平台。

通常，在閱讀完一份共讀素材的內容以後，我都會讓自己試著從各種不同的「閱讀觀景窗」，努力彙整出自己的想法和評論的意見，等到我覺得有點兒腸枯思竭了，就會利用網際網路搜尋的功能，查詢與這份共讀素材相關的網站、粉絲專頁或是討論的平台，偶爾也會蒐集各種不同的影音、圖片、專題報導等資料。

然後，我會像是在玩「樂透彩」的對獎遊戲一樣，一筆一筆的核對——有哪些網友留言的意見是和我相同？又有哪些網友的想法是和我相反的呢？而他們所抱持的理由以及「閱讀的觀景窗」究竟又是什麼呢？

有些時候，我一時「手癢」，忍不住在這些網路平台上留言抒發己見，總是會獲得許多網友們一則又一則的回饋意見，讓我像是參加了一場「網路聊素會」一樣，外表看似無聲無息，實際上大家的討論卻是熱鬧無比！而這一整串的留言以及成員之間隔空的相互對話，也是另外一種「聊素記錄表」完整呈現的方式喔！

第五章

「閱讀甜甜圈」的實際範例

老實說，在校園內推廣「閱讀甜甜圈」共讀聊素會的早期階段，嘉紋主任確實曾經遭遇過許多的阻力與挫敗！

老師們不是被「沒有額外多餘的時間」、「有課程進度的壓力」等想法給牽絆住了，就是因為「沒有可以支援的人力」、「沒有人手一冊的共讀書籍」、「不知道要怎麼樣帶領及籌組班級共讀聊素會」、「小朋友們的閱讀動機及興趣都不高」等理由而裹足不前。

然而，即使如此，嘉紋主任在不同的時空背景、為了因應不同的工作任務，曾經邀集過許多不同的成員，一起籌組過各種不同類型的「閱讀甜甜圈」共讀聊素會喔！

以「社團分組」的方式來進行

一般來說，每天一大清早的晨光時間（八點至八點三十分），通常也是學校各種特色社團的集訓時刻。班上常常會有部分學生去參加合唱團了，有的去參加躲避球隊，還有的則是學校自治市的主要幹部……，因此，經過如此「瓜分」與「蠶食」之後的結果，留在班上學生的人數已經寥寥無幾，此時似乎也沒有辦法進行班級重要事務的處理，只能任由這些學生在教室內放牛吃草式的自己找事情來做。

殊不知，在如此超級迷你的班級人數規模，而且也沒有任何課程進度壓力的情況下，就是我們推行「閱讀甜甜圈」共讀聊素會的最佳時機囉！我曾經不斷鼓勵各年級的導師們可以採用「社團分組」的方式，參酌下列我所戲稱的幾種模式來進行——

「蒐集碎布、編織彩衣」的模式

就是把那些留在教室內所剩無幾的學生，像碎布一樣的集中起來（甚至也可以跟鄰近的班級合併處理），為他們精心規畫每個禮拜「閱讀甜甜圈」共讀聊素會的內容，讓他們在這段晨光的時間也有著像彩衣一樣繽紛亮麗的學習體驗，而不至於平白無故就浪費掉了。

「三陽開泰、好事成雙」的模式

如果撇開「因公外出」的因素，全班以三十位學生的數量來計算，我會請各班導師將學生分成三組（我將它取名為「三陽開泰」，每組大約十個人左右），然後只要再「好事成雙」的邀請兩位帶領人（不管是故事媽媽、科任老師或是學校的行政同仁）一起加入，就可以讓「閱讀甜甜圈」共讀聊素會在班上如火如荼

故事爸爸加入的「三陽開泰、好事成雙」模式

的開鑼囉！

而每一組「閱讀甜甜圈」共讀聊素會在實施一段時間（也許是一個禮拜、兩個禮拜或是一個月）之後，又可以選擇下列的兩種方式來進行——

1. 人員不動、素材動：也就是帶領人和參加的學生都固定不動，但是，後續所要共讀及討論的素材會變動。

這個方式的優點是：帶領人和學生之間不僅相互認識、關係融洽，而且透過每次共讀聊素會的過程，可以更深入了解彼此的所言、所思及所感。缺點則是帶領人必須準備較多的素材內容，事前準備所花費的時間也會比較多一些。

2. 人員動、素材不動：也就是帶領人只要準備一套固定的素材，時間一到，就改換到其他的組別，帶領不同的學生進行這套素材的共讀及討論。

這個方式的優點是：帶領人可以不必為了準備多種素材的內容而疲於奔命，也可以完整蒐集到不同組別、各個學生之間對於這套素材千奇百怪的反應。缺點則是帶領人和各組學生之間的關係較為淡薄，只能仰賴每次在「閱讀甜甜圈」共讀聊素會的短暫相處，或許彼此連對方的名字都還沒有辦法記起來，更別說是可以確實掌握每一位學生的個性，以及洞悉每個人在發言背後所隱含的深層想法了。

當然啦！還有一種是「人員和素材都變動」的方式，由於實施的結果似乎缺點多於優點，則不在我們的考慮之列。

「三陽開泰、一枝獨秀」的模式

和前一個模式一樣，假設全班有三十位學生，可惜沒有其他的帶領人來支援，班級導師也可以「一枝獨秀」的將全班分成「三陽開泰」的三組，然後在跟全班進行完共同的課程以後，分別給予各組相同或是類似的素材來進行閱讀、討論以及相關的延伸活動（例如：戲劇表演、海報製作、實際踏查等），如此也可以獲得非常高品質的閱讀成效喔！

「花團錦簇、遍地開花」的模式

在以往學校寒暑假所舉辦的營隊，我們也曾經秉持「閱讀甜甜圈」共讀聊素會的理念以及操作的模式，把原本是一整個早上或是下午連續上三個小時的課程，調整成三個課程的小主題（每個小主題上一個小時，並且將所有參與的學員分成三組，以輪流闖關的方式來進行）。

如此的安排，不僅可以讓每一期營隊的課程像花團錦簇般的豐富多元，而且校內各領域的教師也都有機會擔任講師，後續不只可以讓「閱讀甜甜圈」共讀聊素會在校園內遍地開花，甚至還可以結合老師們的課堂教學，有效提升學生們的學習成效喔！

學校暑期營隊採用「花團錦簇、遍地開花」模式

「故事義工團」的幸福分享會

曾經，有學校的老師跟我反應：「主任，光是靠我們班級導師來帶領『閱讀甜甜圈』共讀聊素會，似乎顯得有點兒勢單力薄了些，學校有沒有可能再培訓一些人來協助呢？」

於是，我試著邀請遍布在各班級的說故事義工，利用每個禮拜四早上八點三十分到十點三十分的這段時間，特別籌組了一個專屬於學校說故事義工的「閱讀甜甜圈」共讀聊素會。我不只和他們分享「閱讀甜甜圈」共讀聊素會的理念、操作的技巧，還挑選了各種不同類型的素材內容（例如：剪報、繪本、童詩、童話、小說、植物圖鑑等），讓大家一起共讀、一起討論，甚至還把他們分配到各

學校說故事義工「閱讀甜甜圈」共讀聊素會的現場實況。

班級協助「閱讀甜甜圈」共讀聊素會的帶領工作，最後大家再聚在一起做進一步的研討與修正。

還記得一開始的時候，有位非常熱心的義工媽媽以怯生生的口吻對我說：「主任，我的個性比較害羞，也不知道要怎麼樣跟小朋友們說故事，所以，你叫我幫忙打雜或是為大家跑跑腿都可以，就是不要叫我去跟小朋友們說故事啦！」

「其實，我們『閱讀甜甜圈』共讀聊素會的『素材』是非常多元的唷！也不一定要採用

『說故事』的方式來進行。」我笑著對這位故事媽媽說：「我記得妳好像對『縫紉』非常的在行，或許妳可以試著讓小朋友們來學習這方面的知識與技巧喔！」

後來，在我們學校晨光活動的時間，就開設了一個以「縫紉」為主題的「閱讀甜甜圈」共讀聊素會，而這位熱心的義工媽媽就是最主要的帶領人。

另外，在剛開始加入這個「閱讀甜甜圈」共讀聊素會的時候，許多義工都覺得自己的口才不夠好，也十分懷疑自己是否可以勝任「閱

以「縫紉」為主題的「閱讀甜甜圈」共讀聊素會。

讀甜甜圈」帶領人的工作？因此，我為他們安排了一系列實作以及體驗的課程。

記得有一次，為了帶領大家完成「禮貌三明治」中間餡料的部分（請參閱本書第一四四頁的內容介紹），我發給每個人一則《國語日報》的剪報，並且請他們利用三分鐘左右的時間，跟其他的夥伴完整描述這則剪報的內容。

想不到，他們一個個一邊猛搖頭，一邊覺得這真的是一項不可能的任務：「唉呀！主任，你要我們講三分鐘太久了啦！我看我只能講

←↓這是一個積極傳遞幸福、喜歡與人為善的甜蜜分享會。

三十秒而已！」可是，在正式上場以後，他們卻驚訝的發現——原來，真正困難的「不是大家口才不夠好，沒有辦法講到三分鐘」，而是「當大家的『膽量麥克風』（話匣子）一打開，幾乎所有人都沒有辦法如願在三分鐘之內把剪報的內容講完啊！」

不過，在往後每個禮拜四固定舉辦的「閱讀甜甜圈」共讀聊素會當中，大家經過慢慢的練習，一次又一次的修正，不僅膽量變大了，帶領的技巧也變得更加純熟了，有的夥伴到最後甚至還可以代表學校參加社會組的國語文競賽呢！

其實，最難能可貴的，是大家在親身參與了每個禮拜「閱讀甜甜圈」共讀聊素會以後，無形之中，也變成了志同道合、理念相通的好夥伴，不僅學校大大小小的事務都有他們熱情付出的身影，夥伴之間甚至還會相約出遊、團購、參加心靈成長的課程，所以，與其說這個團體是專屬於學校說故事義工的「閱讀甜甜圈」共讀聊素會，還不如說它像是一個積極傳遞幸福、喜歡與人為善的甜蜜分享會啊！

尋找一位專業的「繩結講師」

一本專業的繩結百科全書

有一本名為《圖解繩結完全指南》（貓頭鷹出版社出版）的書籍，裡面除了有各式各樣繩結的介紹之外，還有大量的文字以及彩色圖片的輔助說明，不僅可以讓讀者在閱讀過後，把書中平面的素材立體化，變成自己打繩結的專業技能，甚至還可以將它們運用到平常的生活當中，完全符合當初學校「深耕閱讀方案」所規畫的目的，因此，我們決定將這本非故事體的工具書一次購買十冊，並且列入學校「閱讀甜甜圈」共讀聊素會的書目清單當中。

然而，根據以往的經驗，如果沒有搭配任何與「閱讀」相關的活動或是課程來推廣的話，我們原本預期的這些美好目標根本就無法如願達成，而所費心採購的這批書籍最後也只會變成學校圖書館書櫃上的一整排裝飾品而已，這樣子的結果實在是太可惜了呀！

採用「閱讀甜甜圈」共讀聊素會的模式

為了解決這個困境，也為了讓這本共讀的書籍可以有更多人來翻閱，我決定採用「閱讀甜甜圈」共讀聊素會的推廣模式，利用三個早上八點到八點三十分的晨光時間，開放十個名額給五年級各班對於「繩結」這個主題有興趣的小朋友主動來報名參加。

只不過，比較棘手的是——當時，我還不知道要到哪裡找尋一位專業的繩結講師來擔任這次「閱讀甜甜圈」共讀聊素會的帶領人，是社區的家長？學校曾經參加過木章訓練的老師？還是委託縣市童子軍社團的成員來推薦呢？

正當我為這件事情頗為頭疼之際，恰巧發現學校的圍籬邊、旗桿上都綁著不同款式的繩結，它們是出自於學校工友彭叔叔的巧手，這時，我才突然恍然大悟，心想：「對呀！有『學校園藝魔術師』之稱的彭叔叔，不就是擔任我們這次『閱讀甜甜圈』共讀聊素會帶領人最佳的人選嗎？」

於是，我向彭叔叔提出了我的正式邀約，想不到他一邊搖著頭，一邊客氣的拒絕我：「主任，不要啦！你叫我去修理東西、割操場的雜草，我都願意！但是，請不要叫我讀書，尤其讀完以後還要擔任講師去跟小朋友們上課，這……對我來說怎麼可能呢？」

後來，我決定改換另外一種方式來拜託彭叔叔，讓他不再認為這是一項高不可攀的不可能任務。我真心誠意的對他說：「彭叔，我想要借助您對於『繩結』這方面的專長，想請您先幫我從這本書裡挑選十個簡單易學、生活中常見的繩結，因為我想要找五年級的十個小朋友來教他們……。」

對於我的苦苦哀求，儘管彭叔叔仍然面有難色，但讓我非常感動的是，幾天後，他把《圖解繩結完全指南》那本書交還給我，然後像個找我驗收閱讀心得的小朋友一樣，一臉興奮的向我展示他用書籤清楚標記的閱讀重點，以及經過他精心篩選過準備要跟小朋友們介紹的十個繩結。

→彭叔叔上課的現場實況。

↓彭叔叔用書籤標記閱讀的重點。

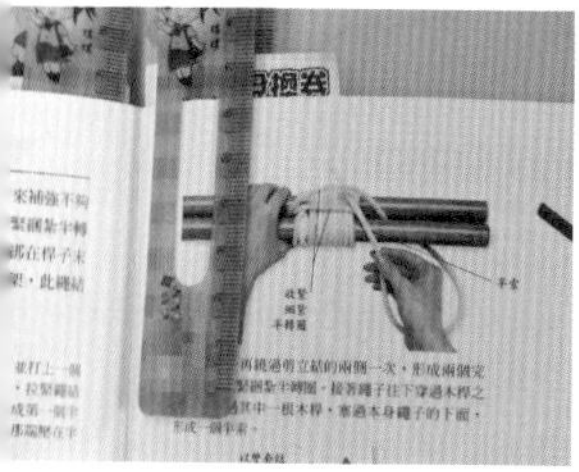

我除了連聲向彭叔叔道謝之外，也開始積極安排這場以「繩結」為主的「閱讀甜甜圈」共讀聊素會。

《圖解繩結完全指南》共讀聊素會開課囉！

開課的那一天早晨，這十位幸運獲選的小朋友準時齊聚在學校的圖書館內，大家搬來椅子圍聚在彭叔叔的周圍。在我簡單介紹這次「閱讀甜甜圈」共讀聊素會的目的（是要跟彭叔叔學會打十個繩結），並且發給每一位成員《圖解繩結完全指南》這本書以及一條白色的童軍棉繩之後，彭叔叔就開始依序教導那天早上小朋友們必須學會的五個繩結：有「反手結」、「活反手結」、「單8字結」、「雙8字結」以及如何快速且整齊「收綑繩結」的好方法。

雖然這些都是彭叔叔閉起眼睛都會打的繩結，但由於彭叔叔從來不曾擔任過「講師」，所以在教學的現場，他一邊汗如雨下的示範著各種繩結的打法，另一邊則頗為擔心自己的講解不夠清楚……。

短暫的三十分鐘過去了，在這十位小朋友全部都返回教室以後，我和彭叔叔繼續留在學校的圖書館內，展開另一場「閱讀甜甜圈」共讀聊素會的教學專業對話以及共同備課的心得交流。

首先，我告訴彭叔叔：「其實，您不必太擔心小朋友們到底聽不聽得懂，也不用急著在這短短的三十分鐘之內就想要把他們全部都教會，我們只要簡單的開個頭，其餘的部分可以讓他們回去再仔細翻閱《圖解繩結完全指南》這本書，一面按圖索驥，一面再自行鑽研就好了呀！」

另外，針對「教學流程的安排」以及「口語化的用字遣詞」等部分，我也提醒彭叔叔可以再做什麼樣子的調整，想不到彭叔叔竟然完全虛心接受，而且一直低著頭認真的猛做筆記，最後，他甚至還皺著眉頭，以一雙瞇到不能再瞇的老花眼睛，一邊閱讀著書中猶如螞蟻般大小的字字句句，一邊跟我分享接下來他準備要教導小朋友們的另外五個繩結。

有了這樣子的共識與默契之後，隔天一大早，彭叔叔在課堂上教導小朋友們打繩結的節奏明顯變得更加從容了！甚至，他還會找尋生活中的實際範例，清楚告訴小朋友們這些繩結未來在哪些地方可以派上用場，例如：在

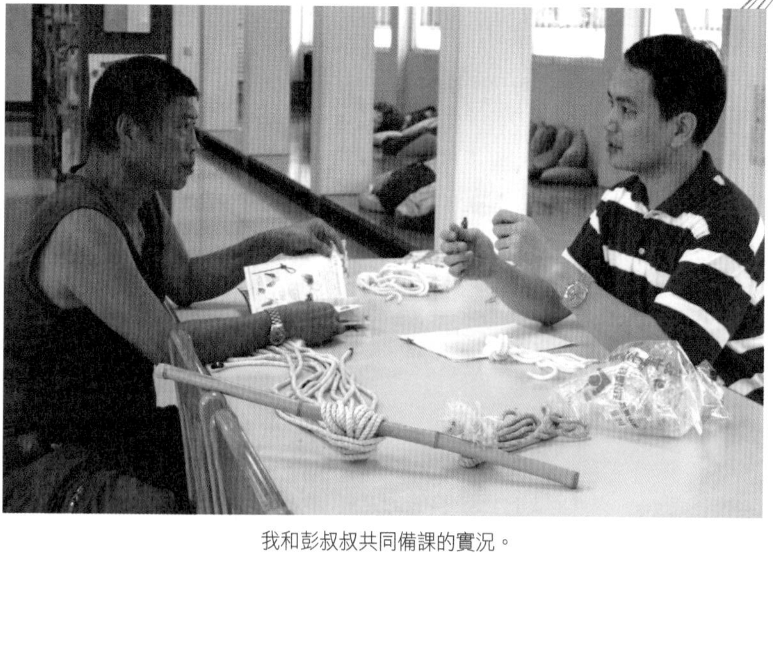

我和彭叔叔共同備課的實況。

講到「牛索結」的時候，彭叔叔教導小朋友們可以利用這個繩結搭配一根棍子，做成一組免費的晒衣架；在介紹「繩梯結」的時候，他向小朋友們示範在荒郊野外，如何利用這個繩結快速把一根根的木頭或是竹子串連成一座簡易型的樓梯。

《圖解繩結完全指南》共讀聊素會的實施成果

在彭叔叔如此深入淺出的介紹，以及小朋友們之前把這本繩結的書籍帶回去仔細研讀的雙重

彭叔叔介紹「繩梯結」在生活中的運用實例。

彭叔叔頒發繩結檢測通過證明。

效益影響下，小朋友們很快就學會彭叔叔所教導的這十個繩結了。於是，利用第三天的晨光時間，我安排這次「閱讀甜甜圈」共讀聊素會的成果檢測活動——只要小朋友們能夠正確說出彭叔叔隨機打的繩結名稱，並且確實完成這十個繩結的打法，就可以順利通過檢測，同時從彭叔叔的手中領到參與這項深耕閱讀活動的書面證明。

後來，在這項活動結束以後，我甚至又請這十位小朋友擔任繩結教學的種子老師，請他們利用課餘的時間，每個人分別再到校園內尋找十個小朋友來教導他們這十個繩結的打法，如此一來，在那段期間內，全校的小朋友至少有一百多人已經學會打這十個繩結了唷！

而且更棒的是，透過這個像星火燎原般的方式將打繩結的風潮傳擴及全校，一時之間，《圖解繩結完全指南》這本工具書成為學校圖書館最搶手、小朋友們爭相傳閱的書籍，而這也是當初我們所沒有預料到的美好結果啊！

「自治市幹部」的典範聊素會

為了讓小朋友們具備民主法治的素養，也為了讓他們擁有為大家服務的機會，學校的訓導處每年都會透過正式的選舉以及投票的過程，成立「自治市」的學生組織。

曾經，有一屆自治市的幹部想要提振全校小朋友們的閱讀風氣，所以就跑到辦公室來找我討論，我建議他們或許可以從「籌組小朋友們的『閱讀甜甜圈』共讀聊素會」這件事情開始。

在獲得自治市幹部們的熱情支持以後，我親自帶領他們實際體驗「閱讀甜甜圈」共讀聊素會的進行方式，然後，他們就在校園內開始積極推廣這個超級優質的閱讀活動囉！

首先，這群優秀的自治市幹部們先鎖定六年級的同學，接下來再從學校「閱讀甜甜圈」的書目清單當中挑選幾本適合大家閱讀的書籍，並且將這些書籍的名稱張貼在學校圖書館的公布欄上，每一本書的下方還預留了十個小格子，只要小朋友有興趣參加哪一本書的「閱讀甜甜圈」共讀聊素會，就可以把自己的班級、姓名等資料填寫在這本書底下的格子裡面。

如此一來，這些被挑選出來的書籍就好像一部部可以搭載十位客人的小巴士一樣，只要車上的十個座位都被坐滿了，隨時就可以「發車」（開始進行「閱讀甜甜圈」共讀聊素會），甚至這些搭乘同一部專車的「乘客」（挑選同一本書籍的小朋友），也可以一起討論決定——他們打算邀請哪一位師長來擔任這部專車的「駕駛員」（「閱讀甜甜圈」共讀聊素會的帶領人）呢！

原則上，自治市的幹部會預留給每一位報名參加的成員大約兩個禮拜自行閱讀的時間，等排定的時間一到，就會通知挑選同一本書籍的成員組成「閱讀甜甜圈」共讀聊素會，然後利用星期一或是星期四中午用完餐十二點半到一點鐘

↓→六年級學生參加「閱讀甜甜圈」共讀聊素會的現場實況。

（這時，全校其他的小朋友都在教室內睡午覺），到學校設備齊全、寬敞舒適的會議室裡，進行這本書的深度研討與交流的活動。

根據那一整年實施的結果來看，學校自治市的幹部們利用中午的這段時間來舉辦這一場場的「閱讀甜甜圈」共讀聊書會，不僅沒有占用到各班老師們的課堂教學，而且也可以讓學校六年級的小朋友們在悶熱、無法入眠的午休時刻，還有另外一個具有濃濃書香氣息的項目可以選擇。再加上，這些都是小朋友們自己主動報名參加的，後續不管是在閱讀的進度、活動的配合、意見的表達等方面，也都有著令人意想不到的好表現喔！

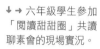

「田徑代表隊」的遊戲講師群

民國一〇四年，當學校正準備歡喜迎接一百週年校慶前夕，各處組無不絞盡腦汁辛苦規畫相關的配合活動：有熱鬧有趣的踩街遊行、高潮迭起的校慶晚會、穿越古今的歷史驛站……等。

值得一提的是，為了讓這個特別的紀念日具有濃濃的「古早味」，也為了讓學校的小朋友們能夠藉此機會「引發思古之幽情」，所以，我們決定把各種「懷舊」的元素放在裡面。

為了達成這個目標，我們採購了《遊戲學習——大地遊戲DIY》（聯經出版社）這本書，並且把它列為學校「閱讀甜甜圈」共讀聊素會的參考書籍，因為在這本書裡面有完整介紹傳統的童玩以及大地遊戲，例如：打彈珠、跳橡皮筋、跳房子、踢罐子、騎馬攻城等。我們不只希望全校的小朋友們都能學會，甚至還可以在學校百週年校慶紀念日那天，與自己的爸爸、媽媽、爺爺、奶奶們相互較量，也讓他們可以重溫童年時期的美好回憶。

非常湊巧的，在學校田徑代表隊的選手們參加完桃園縣運動會的比賽過後，我剛好和體育組的仁俊老師、體育科任玉伶老師談到了這件事情，想不到他們都興高采烈的表示願意和我一同促成這樁美事。

於是，我們把七位在田徑場上表現優異的選手集中起來，連同體育組長、玉伶老師、還有我（一共十個人），組成了一個以「懷舊遊戲」為主題的「閱讀甜甜圈」共讀聊素會。

我們把《遊戲學習——大地遊戲 DIY》這本書按照章節來安排閱讀的進度，並且利用每個禮拜三早上晨光活動的時間，一起討論書中的內容、一起試玩裡面好玩的遊戲，最後，決定每個人所負責的遊戲項目，因為我們衷心期盼這不只是一個「坐而言」的共讀聊素會，更是一個「起而行」的懷舊遊戲講師群，尤其是在科技進步的今天，許多傳統的童玩遊戲早就已經被人遺忘了，而這些富含合作學習、人際關係與領導能力的遊戲活動，正是培養小朋友們各種基本能力的最好途徑。

因此，在這個「閱讀甜甜圈」共讀聊素會的活動結束以後，我們這些「講師群」隨即利用學校舉辦兒童朝會的時間，開始依序為全校的小朋友們介紹各種好玩的懷舊小遊戲。

也因為如此的大力推動，在學校百週年校慶前夕，各種傳統的童玩及大地遊戲已充斥在校園的各個角落，小朋友們也都會充分把握課餘的時間走向戶外，讓自己

以「懷舊遊戲」為主題的「閱讀甜甜圈」共讀聊素會。

↓利用兒童朝會時間，為全校介紹好玩的懷舊小遊戲。

←↑各種傳統的童玩遊戲充斥在校園的各個角落。

跑一跑、動一動，更健康的享受在學校裡的每一刻。

而那一波波從各個遊戲場所盪漾出來如銀鈴般的歡笑聲，也頓時讓學校宛如一座不用收取任何門票的兒童新樂園囉！

期末「共讀聊素博覽會」的舉辦

活動的緣起

之前，連續好幾年，我都在《TOP945康軒學習雜誌》的親子教養報撰寫專欄文章。

有一天，這份雜誌的編輯群突然主動和我聯繫，表示他們在認真出版了這份雜誌十週年之際，想要進一步與在教育現場工作的老師們合作，並且試圖尋找推廣所謂「非故事型閱讀」的可行方式。他們的意思是指——目前大多數的老師或是說故事的義工，在推廣閱讀的時候都是以繪本、童話、小說等故事類型的材料為主，有沒有可能，像他們所編輯的這份雜誌，也可以成為大家在推廣閱讀時的另外一種選擇呢？

當時的我，頭腦裡面直覺想到是，可以與我在校園內已經實施多年的「閱讀甜甜圈」共讀聊素會這個優質方案結合。於是，我毫不猶豫的點頭答應參加這項前所未見的合作提案，而出版社的編輯群也十分熱情的向我詢問需要什麼樣的協助，他們願意竭盡所能提供任何的支援和資源給我。

在經過反覆的構思以後，我請出版社只要把他們每兩個禮拜最新出刊的《TOP945 康軒學習雜誌》，一次寄十五本來給我就好了。自此之後，也正式宣告我們「閱讀甜甜圈」共讀聊素會另一趟美麗旅程的開始……

活動前的準備

針對這次的合作提案，我最後決定挑選學校六年級的全體小朋友來參加（總共有三個班，大約八十人），並且開始積極進行以下各項活動前的準備工作——

1. 共讀雜誌的登錄及借閱

在陸續收到出版社寄來的每一期雜誌以後，我請圖書館的幹事將它們正式登錄成為學校「閱讀甜甜圈」共讀聊素會的書目，其中的十本開放給六年級的小朋友們優先借閱，另外多出來的五本，則是準備提供給協同參與這次活動的師長們，讓他們可以澈底落實「閱讀甜甜圈」共讀聊素會最重要的成敗關鍵——陪著孩子們「一起」閱讀這些雜誌的內容、「一起」交換彼此的看法和意見、「一起」腦力激盪，進而可以「一起」共同成長。

2.共讀聊素會培訓課程的實施

配合每個禮拜各班有一堂四十分鐘的「閱讀課」，我為全校六年級的小朋友們規畫了一系列關於「閱讀甜甜圈」共讀聊素會的培訓課程，包括：介紹「閱讀甜甜圈」的名稱由來、「閱讀甜甜圈」的歌詞含意、禮貌三明治、膽量麥克風、聊素四頻道、閱讀觀景窗、聊素記錄表等等主題。（哈哈，聰明的您一定發現了，其實這些培訓的課程，就是我在這本書前面各個章節的內容，因此，只要按部就班的把這些重點教導孩子們學會，您也可以得到和我們一樣的美好結果唷！）

3.雜誌的認真閱讀及標記重點

在學期初第一次上課的時候，我就跟小朋友們事先預告：「在上完這個學期

『閱讀甜甜圈』的課程以後，主任打算盛大舉辦一場『共讀聊素博覽會』，至於這是什麼樣的一個活動？它究竟要怎麼樣進行呢？小朋友們不必急著好奇的向我詢問，只要你們每個禮拜在閱讀課的時候用心學習，並且認真閱讀每一期雜誌的內容，到時候就可以開開心心來參加這個超級有趣的活動囉！」

一開始，我是讓小朋友們自由借閱那些已經登錄好的各期雜誌；等到學期末，他們陸續累積閱讀了十本雜誌的內容，在期末這場「共讀聊素博覽會」舉辦前一個禮拜，我則請每一位小朋友自行挑選兩本最喜歡的雜誌，再一次認真的閱讀，用便利貼把自己的想法和意見標示出來，並且填寫在「聊素記錄表」上面（閱讀每一本雜誌的心得各自整理在一張Ａ４紙張上，共有兩張）。

而這兩張「聊素記錄表」，我戲稱是決定小朋友是否可以如願參加這場期末共讀聊素博覽會的「入場券」，因為它們不僅是後續要跟其他同學討論和交流的依據，也攸關著這個活動品質良善與否的重要關鍵！

4.「協同合作教學群」的籌組

除了我之外，我也正式邀請學校六年級的導師以及各個領域的科任教師，一起組成「閱讀甜甜圈——共讀聊素博覽會」的協同合作教學群，希望透過這種方式，讓這個優質的活動有更多人一起來共襄盛舉，而且也可以與各個領域教師的教學密切結合，進而深化以及活化小朋友們的學習內容。

利用每個禮拜五下午一節空堂的時間，我們這群「共讀聊素博覽會」的協同合作教學群就會在學校的會議室定期聚會，並且採用「閱讀甜甜圈」共讀聊素會的方式，一起閱讀最近剛出刊的雜誌內容、一起討論及對話、一起構思如何將這些雜誌的內容變成課堂上的教學……。

5.「桌邊觀察員」的邀請

在這場期末「共讀聊素博覽會」舉辦的現場，為了確保活動進行的品質，我讓小朋友以五個人為單位，分別圍坐在一張長桌旁（全部共有十五桌），每桌都分配一位名為「桌邊觀察員」的師長，隨時給予各桌小朋友立即的協助與指導。

這些「桌邊觀察員」，除了有各班的導師、各個領域的科任教師之外，還有各處室的主任、組長等行政人員，以及五位來自校外的神祕嘉賓所組成。他們不需要參與或是主導該桌小朋友們的討論過程，只要根據觀察記錄表上所標示的重

「協同合作教學群」的聚會現場

點項目，把該桌討論進行過程中的優點及缺點記錄下來即可（記錄表的格式請參考附錄4）。

6.行政雜務的安排與處理

為了讓這場史無前例的活動順利推動，我開始在頭腦裡展開一連串的模擬演練，同時進行許多行政雜務的安排與處理，包括：活動計畫的擬訂、各項進度的掌控、場地與器材的租借、活動通知單的發放……。

在準備的過程中，面對各種錯綜複雜的突發狀況，我完全無法計算自己曾經因此耗損了幾萬個腦細胞！不過，我始終非常「享受」這樣子的感覺，也很喜歡我可以突破傳統思維的框架，大膽挑戰以前從未有過的創新作為，冥冥之中，似乎也感覺自己增長了不少的智慧喔！

活動當天的節目安排

利用期末考試過後的某一天下午，全部六年級的師生終於如願在學校的禮堂，正式舉辦了這個令人期待已久的「閱讀甜甜圈——共讀聊素博覽會」。

活動當天的節目安排如下——

令人期待許久的「共讀聊素博覽會」終於登場囉！

時 間	分鐘	活動內容
12:00~12:40	40	**【完成用餐程序】**教室打掃完畢、餐車推回。
12:40~12:45	5	**【禮堂就位完畢】**活動開場說明、背景簡介、參與人員的介紹。
12:45~12:55	10	**【深度導賞】**為健老師「輪船封面」的介紹。
12:55~13:00	5	**【活動暖場】**遴選桌長、擺放餐點及自我介紹。
13:00~13:15	15	**【第一回合】**各組聊素會開始。
13:15~13:20	5	**【回饋時間】**桌邊觀察員給予回饋意見、頒發「肯定卡」。
13:20~13:50	10*3 =30	**【深度導賞】**喬心老師「自製樂器」、文娟老師「宮崎駿」、勇助老師「月之美」的介紹。
13:50~13:55	5	**【換桌】**遴選桌長、擺放餐點及自我介紹。
13:55~14:10	15	**【第二回合】**各組聊素會開始
14:10~14:15	5	【回饋時間】桌邊觀察員給予回饋意見、頒發「肯定卡」。
14:15~14:35	20	【綜合座談】師長綜合結論、與編輯的訪問會、全體合影。
14:35~14:40	5	【活動收尾】場地收拾及復原。

針對這一連串的節目安排，其實，背後還隱藏了部分的巧思在裡頭喔！

1. 時間的規畫

在中午用完餐後，緊接著進行這場期末的共讀聊素博覽會，除了結合原本午休的時間又多出三十分鐘可以好好的運用之外，也完全符合當年歐洲貴族「喝下午茶」的習俗，讓小朋友們可以在如此輕鬆、悠閒的情境下，進行一場另類的體驗活動。

2.「深度導賞」的安排

在這場共讀聊素博覽會進行的過程中，我委請協同合作教學群的四位老師，針對這些雜誌的內容各自挑選一個主題來進行十分鐘左右的深度導賞。

後來，任教自然領域的勇助老師跟小朋友們介紹和「月亮」相關的知識、文娟老師介紹享譽全球的日本動畫大師「宮崎駿」的生平及作品、任教藝文領域的喬心老師根據某一期雜誌上的說明，不僅展示了許多她自己動手完成的「自製樂器」，還在現場為大家示範演奏。

具有航海資歷的為健老師，則是拿著某一期雜誌封面上的輪船照片，如數家珍般的跟小朋友們介紹：「這是屬於哪一種類型的輪船？」「什麼叫作輪船的『吃水線』和『烏龜圈』？」以及「這張是貨櫃船的船尾照，其實，它有一些船籍的資料已經被雜誌的編輯修圖修掉了唷！」

透過這些協同合作教學群老師們的深度導賞，不僅讓這些雜誌平面的素材內容更加立體化及趣味化，也打開了小朋友們一扇又一扇的知識之窗，讓他們不只是看「熱鬧」，更驚訝的發現隱藏在其中許許多多不為人知的「門道」啊！

←為健老師介紹與「輪船」相關的知識

↓喬心老師示範自製樂器的演奏方式

3.兩回合的「分組聊素會」

在這場期末共讀聊素博覽會當中，我穿插安排了兩回合「分組聊素」的時間（每一回合十五分鐘），一方面打破了原本各班級壁壘分明的鴻溝，增加小朋友們在參與這個活動時的新鮮感；另一方面，則是藉此方式教導他們——只要熟讀雜誌裡面的內容，後續不管是被分配到和什麼樣的成員在一起，都可以自由自在的暢所欲言。

4.「肯定卡」的頒發

在聊素活動進行的過程中，我除了拜託各桌的「桌邊觀察員」幫忙從旁做觀察記錄之外，在每一回合討論結束後，也會請他們再撥出五分鐘給予各組成員具體的回饋指導，同時頒發「肯定卡」給那些表現優異的小朋友們。

學校的幹事郁樺小姐把這張「肯定卡」設計得相當精美，小朋友們除了可以把它留存當作紀念外，它的上面還有編號，在活動最後可以參加有趣的摸彩，幸運得主有的可以獲得學校準備的文具禮盒，有的甚至還可以得到老師們親自烘焙色香味俱全的營養麵包喔！

5.「神祕嘉賓」的安排

這次擔任各桌的「桌邊觀察員」，除了有來自校內各個單位的師長外，我還特地邀請五位校外的「神祕嘉賓」。在活動一開始，我只是輕描淡寫的跟小朋友們介紹：「他們是來自臺北，是主任在推動閱讀活動時的好朋友。」然後，他們就直接被分配到各桌之中，默默的參與這次的活動，並且認真聆聽小朋友們在閱讀完這些雜誌後的心得交流。

等到活動快要結束的時候，我才再次邀請他們上臺，慎重的跟小朋友們介紹：「這些神祕的嘉賓，其實就是《TOP945康軒學習雜誌》的編輯群，小朋友們之前

千載難逢的「與編輯面對面」訪問會。

所看的那些雜誌都是他們編的，而你們剛剛對於這些雜誌的所有討論意見，他們也都清楚聽到了唷！」

最後，利用這個千載難逢的好機會，我還特地安排了一場「與編輯面對面」的訪問會，只要小朋友們對於這份雜誌的相關內容，甚至是對於編輯日常工作的好奇，都可以直接提出來，並且得到這些編輯群的立即回答。

活動後的省思及建議

在盛大舉辦完這場期末的「閱讀甜甜圈——共讀聊素博覽會」，為了讓這個優質的活動更臻於完美，也期盼它不再只是我們學校獨有的「特產」，我除了認真將整個活動的過程詳實記錄下來之外，也進一步將自己的省思及建議整理如下——

1.多元有趣的閱讀推廣方式

或許有些師長在看完我所介紹的這些活動流程後，會因為其中有許多必須要處理的行政雜務而望之卻步了，但是，我會真誠的鼓勵大家：「只要您曾經在學期末舉辦過班級的『同樂會』，那麼，您就有足夠的『戰力』來籌辦這個有意義的活動，因為它們之間複雜以及麻煩的程度，其實是沒有什麼差別的。」

透過舉辦「閱讀甜甜圈——共讀聊素博覽會」，不只可以和「同樂會」一樣營造出歡樂的氣氛，也可以豐富活動的內涵，而不再只是千篇一律的唱唱流行歌曲、表演流行舞蹈、猜猜謎語的節目安排而已，它更提供了另外一種多元有趣的閱讀推廣方式可以選擇喔！

2. 讓「不可能」變成「可能」

在這次的活動過程中，我們學校的師長們一起齊心努力，共同經歷了整個活動從「無」到「有」，進而達到「精緻」以及「美好」的目標。

對於學校六年級的小朋友們來說，不僅擁有了不同以往的閱讀體驗，也在國小畢業前，幸運接受了這個優質閱讀方案最有系統的課程洗禮，尤其是他們在學期初一個看似「不可能」的期盼（可以走出教室，到校園的另外一個地方，一邊享用美食，一邊像聊天一樣的上課），最後終於變成了親身參與其中的「可能」，相信這將會是他們一輩子永遠難以忘懷的美好回憶。

3.避免「喧賓奪主」的干擾

為了讓小朋友們可以在輕鬆、無拘無束的情境下暢所欲言，所以，在「閱讀甜甜圈——共讀聊素博覽會」的現場，我是允許他們可以一邊品嘗自己帶來的餅乾和飲料，一邊和同桌的夥伴們聊天。

只不過，在一開始的時候，只要稍微沒有提醒，這些「餅乾」和「飲料」就會喧賓奪主的成為整個活動最嚴重的干擾，各桌的小朋友們常常只顧著吃吃喝喝，完全不管別人在說什麼……。

還好，我靈機一動，決定借力使力、將計就計，請小朋友們把這些「餅乾」和「飲料」集中到桌子的正中央，然後，只要他們踴躍發言或是專心聆聽別人的談話，就請桌長把這些物資分批發送到他們的面前作為獎勵，等聊素的活動進行到一個小段落，全桌的夥伴才可以一起開動享用。

如此一來，不只所有干擾的因素立即降到了最低，在「重賞之下必有勇夫」的激勵下，各桌小朋友們的討論與交流也變得十分熱絡。

4.把「壓力」轉換成「助力」

小朋友們在參加「閱讀甜甜圈——共讀聊素博覽會」的時候，其實會遭遇「時間」以及「要面對其他人發言」的兩種壓力。不過，這些「壓力」，卻也可以適時的轉換成在舉辦這個活動時的「助力」喔！

因為有「時間」的壓力，所以，小朋友們在閱讀時的態度就會變得比較積極，不會拖拖拉拉的，顯露出一副愛讀不讀的疲態；因為有「要面對其他人發言」的壓力，所以，他們在活動前的準備就會更認真，尤其是在選擇黏貼各個聊素頻道便利貼的時候，會更謹慎而且思考周密，也會反覆不斷的練習，試著把自己想要表達的意見，說得更清楚、更完整。

5.「非故事型閱讀」的可行性

在這次的活動過程中，我們是以「雜誌」作為共讀以及討論的素材，也發現這樣子的進行方式有更優於一般「故事型閱讀」的地方。例如：

❶這些雜誌就像是一杯杯既健康又營養的蔬果汁，裡面包含了各個領域的知識，不會只偏重於某一種學科知識的探究而已。

❷在雜誌裡面所介紹的主題，許多都能切合時事，也是大家最近正在關心或

是討論的話題，我們可以藉由這樣的方式打開小朋友們的視野，也可以讓他們掌握世界潮流的脈動。

❸這些雜誌透過一張張實景照片、一幅幅有趣的漫畫或是深入淺出的文字，鉅細靡遺介紹各個主題的內容，讓小朋友們在閱讀的時候不會有太大的負擔。

❹和閱讀一般故事型素材不相同的是，在翻閱這些雜誌內容的時候，小朋友們不一定要從頭到尾、一字不漏、逐字逐句的閱讀，他們只要挑選自己有興趣的部分來閱讀就好了。

6.無法計算的「閱讀經濟效益」

雖然《TOP945康軒學習雜誌》的編輯群並沒有提出這樣子的要求，但是，在學期末，我仍然精心製作了一張「感謝狀」來謝謝他們。謝謝他們願意支持我推廣「精緻閱讀」的理念，並且每兩週就準時、免費寄送當期的雜誌十五本來給我，讓我可以在學校順利舉辦這場「全臺唯一」以「雜誌」為共讀素材的「閱讀甜甜圈——共讀聊素博覽會」。

如果用數學的公式來精算一下——我這張彩色影印的感謝狀不到五元，加個木頭框大約是四十元；而出版社每一本雜誌的售價是二百九十元，這個學期總共寄了一百五十本來給我（十期，每一期都是十五本），那麼，一共是「肆萬參仟伍佰元整」。

如果還要把我們學校六年級的小朋友們這段期間因為這些雜誌而逐漸養成的閱讀好習慣，或是他們與同儕好友之間聊天的話題明顯變得更有深度與知識性，這樣的進步以及像毛毛蟲蛻變成蝴蝶般的「閱讀經濟效益」，我就完全不知道要怎麼樣計算了呀？

如今回想起來，我仍然覺得——這真的是一段可遇不可求、非常巧妙的緣份啊！

歌詞內容	童話森林探探險。
隱含意思	透過閱讀趣味、有哲理的童話素材，可以讓每個夥伴像是在森林裡探險一樣，產生驚喜、出乎意料之外的感覺。
歌詞內容	編故事，當導演，
隱含意思	每一次閱讀過後的成果產出，不一定千篇一律採用撰寫制式閱讀心得記錄單的方式。
歌詞內容	你我都是名演員。
隱含意思	利用戲劇的演出，不僅可以讓白紙黑字、平面、單一、靜止的鉛字印刷內容，鮮活立體化成為動態的連續畫面，也更容易讓閱讀的感動滲入人心，令人永遠難以忘懷！
歌詞內容	十個人，圍圈圈，
隱含意思	「閱讀甜甜圈」共讀聊素會可以讓每一位參與的好夥伴們，逐漸凝聚成一個步伐一致、理念相通的同心圓。
歌詞內容	一起走進書裡面。
隱含意思	參與「閱讀甜甜圈」共讀聊素會的夥伴們手牽著手、心連著心，一起墜入書海的心靈洗滌，讓彼此的想法與情感更加緊密的結合在一起。
歌詞內容	甜甜的笑容掛嘴邊，
隱含意思	「閱讀甜甜圈」共讀聊素會的氛圍是愉悅的，每個夥伴嘴角所盪漾出來的甜甜笑容，是因為眼睛已經攝取到了書中的菁華與智慧，然後從內心不斷發酵、蘊釀而成的生理自然反應。
歌詞內容	好聽的故事種心田。
隱含意思	參加完「閱讀甜甜圈」共讀聊素會，可以在每一位參與夥伴的心田中，播種下濃密的情感以及智慧的啟發，並且等待接下來的發芽、茁壯、開花與結果的美好收成。

附錄 1

「閱讀甜甜圈」的歌詞含意對照表

歌詞內容	十個人，圍圈圈，
隱含意思	「閱讀甜甜圈」共讀聊素會，是以十個人圍成一個大圓圈的討論團體，人數不多也不少的安排，可以讓每個參與的夥伴都有充分發言以及被關照的機會。
歌詞內容	大樹底下聊聊天。
隱含意思	舉辦「閱讀甜甜圈」共讀聊素會的地點，不一定要規規矩矩坐在教室的木頭板凳上，舉凡校園內的大樹底下、草地上，不拘隊形的席地而坐都可以。 期盼在共讀相同的素材以後，可以和其他的夥伴做「精緻的聊天」，聊一聊自己的觀點和想法。
歌詞內容	你一句，我一言，
隱含意思	每個參與「閱讀甜甜圈」共讀聊素會的夥伴都有相同的發言權利，地位也是平等的。
歌詞內容	心得分享真熱烈。
隱含意思	每個參與「閱讀甜甜圈」共讀聊素會的夥伴不用擔心自己的想法不夠成熟，會被別人譏笑而造成內心受傷，大家可以把心門打開來，毫不藏私且熱烈的暢所欲言。
歌詞內容	看繪本，讀寓言，
隱含意思	「閱讀甜甜圈」共讀聊素會的素材是很豐富而且多元的，我們可以讓夥伴們透過參與這個優質的閱讀方案，汲取各種優美兒童文學作品的養份及薰陶。

【補充說明】

1. 你所推薦的書，必須是適合其他的小朋友閱讀，而且是讀了以後，在心裡面可以產生有趣、美好、難忘的感覺，否則這張推薦單將作廢。

2. 如果你所推薦的書被選上了，那麼，在學校買了這本書以後，你將可以成為第一個借閱這本書的人，而且我們也會在這本書的封底，註明這本書是由你所推薦給大家看的。

3. 如果你所推薦的書沒有被選上，但是你很認真完成了這張推薦單，那麼，它將被保留成為一張摸彩單，你將有機會參加公開的抽獎活動，也預祝你能幸運中獎。

4. 小朋友可以和同學、老師，或是爸爸、媽媽、叔叔、阿姨們討論這張推薦單的內容，但是本次活動的期限到 ______ 年 ______ 月 ______ 日（星期　）以前，敬請把握時間，逾期將不再受理。

5. 寫好了以後，你可以將這張推薦單交給導師，或是投入辦公室前面的信箱內。

{**書本像磁鐵一樣，它可以吸引和他性質相同的人。**}

附錄 2

「讀」家「心」聞 好書推薦單

推薦人：______ 年 ______ 班 ______

各位親愛的大、小朋友們：

你曾經讀過哪些好書呢？你知道目前市面上有哪些書籍，是小朋友們最喜歡看的嗎？

請將這些書籍的資料填寫在下面的表格當中，經過學校圖書採購小組的老師們討論、決議後，你所選出來的這本書，就有機會「住」在我們美麗的圖書館裡面囉！

書名		作者	
出版社		定價	
推薦的理由 （請詳細說明）			

書籍編號	借閱人班級	借閱人姓名	歸還日期	備註
1	年　　班		月　　日	
2	年　　班		月　　日	
3	年　　班		月　　日	
4	年　　班		月　　日	
5	年　　班		月　　日	
6	年　　班		月　　日	
7	年　　班		月　　日	
8	年　　班		月　　日	
9	年　　班		月　　日	
10	年　　班		月　　日	

附錄 3

______ 縣 ______ 國小

「閱讀甜甜圈」書籍借閱清單

借閱的書籍名稱			
負責人姓名		借閱日期	___年___月___日（星期___）

在發送書籍之前，請各位負責人仔細叮嚀小朋友，一定要確實遵守下列的注意事項──

1. 請愛惜你所借閱的書籍，並且妥善保管。

2. 借閱及歸還的時候，請先檢查書籍是否有破掉或是污損的情形。

3. 如果小朋友將書籍破壞或是遺失不見了，請按照這本書的原價賠償！

4. 請依照書脊上面的書籍編號次序（V. ○），將借閱人的姓名登錄於下表中。

三、觀察記錄

四、檢討及建議

◎該表完成後，麻煩請交還給呂主任統一彙整，謝謝您的熱情參與！

附錄 4

「閱讀甜甜圈～共讀聊素博覽會」

桌邊觀察員的觀察記錄表

一、基本資料

<table>
<tr><td>日期</td><td>___年___月___日
（星期___）</td><td>第___回合／
第___桌</td><td>觀察員姓名</td></tr>
<tr><td>素材</td><td colspan="3">《TOP945》進階版雜誌　第　　期（名稱：___________　）</td></tr>
<tr><td rowspan="3">成員</td><td colspan="3">↓請小朋友自行簽寫自己的名字，從觀察員左到右的方向依序填寫，請將「桌長」的姓名圈起來</td></tr>
<tr><td></td><td></td><td></td></tr>
<tr><td></td><td></td><td></td></tr>
</table>

二、觀察焦點

1. 該桌討論進行過程的優缺點。
2. 桌長主持討論進行的表現。
3. 成員回應發言人的禮貌。
4. 成員口頭描述的內容是否清楚。
5. 成員提出的想法是否有創意。
6. 是否能遵守討論秩序。

親子館叢書 A5045

閱讀甜甜圈

作者｜呂嘉紋
副總編輯｜陳莉苓
校對｜袁中美
封面設計｜黃淑雅
行銷｜陳苑如

發行人｜王榮文
出版發行｜遠流出版事業股份有限公司
104005 臺北市中山北路一段 11 號 13 樓
郵撥｜ 0189456-1
電話｜ 2571-0297　傳真｜ 2571-0197
著作權顧問｜蕭雄淋律師

2019 年 6 月 1 日 初版一刷
2022 年 8 月 16 日 初版二刷
售價新台幣 320 元（缺頁或破損的書，請寄回更換）

ISBN ｜ 978-957-32-8560-1（平裝）

YLib.com 遠流博識網
http://www.ylib.com　E-mail ylib@ylib.com

國家圖書館出版品預行編目

閱讀甜甜圈 / 呂嘉紋著 ..
初版 . -- 臺北市 : 遠流，2019.6　面；　公分 . --（親子館））

ISBN 978-957-32-8560-1（平裝）

1. 讀書會 2. 閱讀指導

528.18　108006801